販促コピーとデザイン

「売れる」公式50

売上UPの秘訣は「シニア目線」にある！

株式会社日本SPセンター
シニアマーケティング研究室 著

はじめに

　シニア市場に注目が集まり始めて、ずいぶん久しくなります。貯蓄も時間も潤沢に保有する大量のシニアが、新しい需要を喚起すると期待されたのです。しかし、シニア市場に進出して、失敗した企業も多々見てきました。かといってシニア市場がなくなったわけではありません。むしろ、新しい局面に差し掛かったというほうが適切かもしれません。特色ある市場の１つではなく、国内市場の標準となったのです。「シニアに配慮できない企業や店舗は生き残れない」と言っても過言ではありません。

　需要の質も変容しています。新商品やサービスをつくり出すことから、「既存商品やサービスをいかに多くの方に選んでもらえるか」に力点が置かれ始めています。「クリエイティブ」から「セレクティブ」と言い換えても良いでしょう。

　多くの消費者に選ばれるために最も重要なことは、最後の顧客接点でのコミュニケーションです。売り場における表示、チラシやカタログ、そしてWEBサイトなどが、シニアも含めたすべての人にとってわかりやすく、使いやすいものであるべきなのです。それでいて、多くの人の琴線に触れるコピーこそ、何よりも大切なことになります。

　本書が掲げている「シニア目線」は、老若男女、万人にとって役立つはずです。ユニバーサルデザイン（UD）の観点からコピーとデザインの勘どころを、50の公式に厳選してご紹介しています。極めて実践的な内容になっていますので、ぜひ今日からでも早速活用してみてください。

　　　　　株式会社日本SPセンター　シニアマーケティング研究室
　　　　　　　　　　　　　　　　　　　　　　　　　　中田典男

▶▶▶ COPY AND DESIGN　**CONTENTS**

序章　全世代に届けるには、まずはシニアから！

01 シニア目線で考えられない企業は生き残れない ……… 12

02 シニアにシニアと言ってはいけないわけ ……… 14

03 これからは「シニアに嫌われない」ことがカギ ……… 16

04 加齢現象は、65歳からではない ……… 18

05 シニアに配慮すれば、みんなに届く販促になる ……… 20

COLUMN　今後急速に高齢化が進む、都市部 ……… 22

1章　伝わる販促物作成の基本

01 コピーでは機能より便益を伝える ……… 24

02 メインコピーは、7つの質問で考える ……… 26

03 結論を早く！ 逆三角形の文章で伝える ……… 28

04 価格や特典訴求よりも、Teach & Sell 型で情報を盛り込む ……… 30

05 メッセージはペルソナに向けて発信する ……… 32

06 情報の質を上げる「ファクト率」をチェックする ……… 34

07 伝わる販促物作成の基本ステップ ……… 36

COLUMN　主役はあくまで商品やサービスであり、イメージではない ……… 38

2章　シニアの心理でコピーをつくる

公式 01　1行の文字数は、25文字以内に収めよう ……… 40

公式 02　1センテンスは短く簡潔に！ 40文字以内に収めよう ……… 42

公式 03　「コスパ」は伝わらない、「アスリート」は使わない ……… 44

公式 04　新しい言葉、本来の意味と違う言葉は使わない ……… 46

▶▶▶ COPY AND DESIGN　CONTENTS

公式 05	シニアの不満や不安に寄り添う	48
公式 06	「ほとんど」ではなく、「98％」で信頼性を獲得！	50
公式 07	年齢を訴えることで「自分ゴト」化する	52
公式 08	「あなたへ」と大見出しで呼びかける	54
公式 09	証言や体験談をコピーに活かす	56
公式 10	箇条書きで要点の理解を促す	58
公式 11	アクションコピーで行動を促す	60
公式 12	便利・快適・安心……。手垢のついた言葉は使わない	62
公式 13	長い修飾語が先、短い修飾語は後	64
公式 14	かかる言葉と受ける言葉は直結させる	66
公式 15	見出しで問いかけて興味をひく	68
公式 16	安易な共感から始めない	70
公式 17	見出しの構造を複雑にしない。多くても３つまで	72
公式 18	「かぎかっこ」つきの言葉で共感を誘う	74
公式 19	見出しは最後に書く	76

| COLUMN | 通販カタログに学ぶシニア向けコピーの実例 | 78 |

3章 シニアの目でデザインする

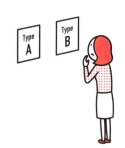

公式20	コピーを四角いブロックに押し込まない	80
公式21	イメージイラストよりも図表やチャートで、信頼度UP	82
公式22	「明度差4ルール」でコントラストに配慮する	84
公式23	色から連想されるイメージを活用する	86
公式24	明度の差が小さい「黒と青」の組み合わせはNG	88
公式25	文字を大きくするよりも、行間と余白を優先する	90
公式26	チラシのレイアウトはコラムレイアウトを活用	92
公式27	白文字と色つき背景には「70%・15%ルール」で可読性を重視する	94
公式28	写真に文字を乗せることは避ける	96
公式29	余白を生む「70%・50%ルール」	98
公式30	本文の文字サイズは12ポイント以上が見やすい	100
公式31	購入意欲を高める「写真＋キャプション」	102
公式32	文字組みは慣れ親しんだ縦組みに	104

▶▶▶ COPY AND DESIGN　**CONTENTS**

公式 33	白地を活かして、言いたいことを目立たせる	106
公式 34	文字の装飾はできるだけ避けること	108
公式 35	小さな文字は UD 書体で。明朝体は NG	110
公式 36	過剰なデザイン処理は排除する	112

COLUMN　黒か？　それとも赤か？　114

4章　シニアも戸惑わない WEB デザインと構造

公式 37	今、サイトのどこにいるのか？ をわかりやすく	116
公式 38	「誘導ストーリー」でクリックさせる	118
公式 39	「戻る」手段をはっきりと示す	120
公式 40	別ウィンドウは避ける	122
公式 41	「PDF マーク＋説明文」をセットにして安心させる	124
公式 42	クリックしやすいリンクをつくる	126

8

公式 43	リンクの場所をわかりやすくしてクリックさせる	128
公式 44	下に誘導するデザインで読ませる	130
公式 45	配色、色彩、余白で言いたいことを強調する	132
公式 46	デザイン性よりも機能性を優先する	134
公式 47	複数の動線でゴールに誘導する	136
公式 48	記憶してほしい情報には、印刷ボタンを設置する	138
公式 49	文字は画像化せずに、テキスト化する	140
公式 50	カタカナ用語の使用には工夫が必要	142

COLUMN　シニアのSNS活用事情　144

5章　シニアに届くコンタクトポイントはどこ？

01 注目したい7つのメディア　146

02 リアルなコンタクトポイント　150

▶▶▶ COPY AND DESIGN　CONTENTS

6章　さらにシニアを狙うなら！One to One マーケティング

01 よくあるシニア像の10大勘違い ……… 154

02 シニア市場を4つに分けて考える ……… 162

03 資金にも時間にも余裕のあるアクティブ・シニア ……… 164

04 年金収入に頼るディフェンシブ・シニア ……… 166

05 日常生活で我慢することが増えるギャップ・シニア ……… 168

06 介護が必要なケア・シニア ……… 170

COLUMN　今後のシニア市場として注目したい「ワーキング・シニア」 …… 172

おわりに ……… 173

序章

全世代に届けるには、まずはシニアから！

▸▸▸ COPY AND DESIGN

シニア目線で考えられない企業は生き残れない

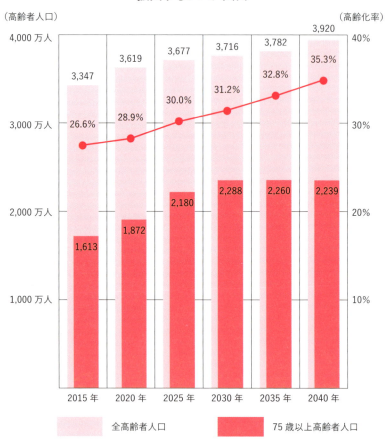

拡大するシニア人口

平成30年　高齢社会白書(内閣府)のデータをもとにグラフを作成

出所：2010年と2015年は総務省「国勢調査」
2020年以降は国立社会保障・人口問題研究所「日本の将来推計人口（平成29年推計）」の
出生中位・死亡中位仮定による推計結果

どこまで増加する？ シニア人口

　2018年（平成30年）3月1日現在の総務省人口推計（概算値）によれば、日本の高齢者（65歳以上）の人口は、3,533万人です。総人口の27.9％に上りました。これはカナダの総人口3,629万人をやや下回る数字に相当します。
　一方、15〜64歳の生産年齢人口は7,565万人ですから、消費能力のある人口の3人に1人がシニアということです。もはや、企業にとってシニアを除外した市場展開はありえないと言ってよいでしょう。

年齢層がさらに上方シフトした「重老齢社会」到来

　2018年（平成30年）3月1日の概算値で、もう1つ驚かされることがあります。それは後期高齢者（75歳以上）の人口が、前期高齢者（65〜74歳）を初めて上回ったことです。前者は1,770万人、後者は1,764万人とその差は、わずか6万人とはいえ、大きな転換です。
　高齢化率は少なくとも2065年まで、高齢者数は2040年まで、増加し続けると見込まれています（左頁参照）。
　年齢層もさらに上方にシフトします。「重老齢社会」の幕開けです。そこでは、加齢による衰えが強まる後期高齢者が急増します。マーケティングのメインターゲットだった元気なアクティブ・シニアが減少し、代わって周囲の人に「支えられる」シニアが中核になります。
　そこで企業に求められるのは、新たにシニア向けの商品やサービスをつくることだけではありません。今ある商品を全世代に的確に伝える媒体と表現が必要です。そこにはまだまだ改善すべきポイントが残されています。

序章　全世代に届けるには、まずはシニアから！

▶▶▶ COPY AND DESIGN

02 シニアにシニアと言ってはいけないわけ

高齢者とは何歳以上か？（赤アミは第1位）

	60〜64歳	65〜69歳	70〜74歳	75〜79歳	80〜84歳	85歳以上
85歳以上が高齢者	0.7%	0.2%	1.7%	4.2%	4.2%	10.7%
80歳以上が高齢者	10.0%	13.4%	19.3%	17.8%	34.1%	33.3%
75歳以上が高齢者	24.9%	28.1%	27.4%	36.2%	27.1%	21.3%
70歳以上が高齢者	40.8%	31.0%	33.6%	22.6%	15.1%	12.7%
65歳以上が高齢者	7.9%	11.8%	4.6%	3.4%	2.3%	2.4%
60歳以上が高齢者	3.4%	1.0%	0.2%	0.5%	0.5%	0%

平成26年度　高齢者の日常生活に関する意識調査（内閣府）をもとにグラフを作成

POINT

高齢になるほど、自分より高齢の方を高齢者だと考える

シニアって誰のこと？

　多くの人が漠然と思い描くシニアの姿は、「定年で仕事の第一線を退き、子どもが独立して悠々自適に夫婦で余生を満喫する人……」といったものでしょう。しかし、そのイメージは過去のものかもしれません。

　人生100年時代。仮に60歳で職を退いても、あと40年も暮らしは続きます。もう「余生」などとは言えません。年齢幅40歳は、成人して還暦を迎えるまでの長さです。60歳以上を「シニア世代」とひとくくりにして想像するのは、難しいでしょう。

「シニアの方へ！」というメッセージは響かない

　以前、ある製品に対して65～75歳の方々にグループインタビューを行いました。製品の購入意向を尋ねたときに、「こんなシニアの人向けのものは買わない」と答えた72歳の女性がいたのです。

　つまり、多くのシニアは、「自分のことをシニアとは思っていない」ということです。50代なら60代から、70代なら80代から、というように、「自分のひと世代上からシニア世代が始まる」と考える傾向があります。「シニア世代の方へ！」という呼びかけは、当のシニアには届かないのです。「中村さん！」と呼びとめられて「佐藤さん」が振り向かないのと同じです。シニアと呼びかけずに、配慮ある呼びかけをさりげなくすることこそが大切です。これこそが、シニアを念頭に置きながら、全世代に向けてメッセージを発信するということです。

▶▶▶ COPY AND DESIGN

03 これからは「シニアに嫌われない」ことがカギ

ある百貨店の売り場のサイズ表示（ほぼ実寸大）。これぐらい大きくしておけば、シニア世代にも親切だ

車いす利用者の使い勝手に配慮した自動販売機。実は車いすを使わない人にとっても、とても使い勝手が良い

足元の表示だから視線の低いシニアにも見落としにくく、わかりやすい

便利なカート付属のルーペがあれば、原産国表示など細かい表示の確認がしやすい

シニア需要取り込みのカギは「選ばれる」こと

　周囲に支えられるシニアが主流になったときに必要とされるのは、走るホテルと言われる豪華列車のような、話題性に富んだ、華々しい商品やサービスだけではありません。日々必要なモノやコトこそが大切です。

　例えば給湯器や炊飯器が壊れれば、ただちに困ります。買い替えにあたってＡ社でもＢ社でもなく、自社を選んでもらうための工夫が問われる時代になりつつあります。

　「シニアに選ばれること」がこれからのシニアマーケティングのキーワードの1つです。

選ばれるための「情報」に配慮はあるか？

　「選ぶ」ためには「伝わる」ことが必要です。伝えるものは「情報」です。

　情報には文字や声に載せて伝わる「ことば」、視覚情報として伝わる「画像」があります。情報としてまず消費者に届かなければ、どれほどすぐれた商品やサービスであっても存在しないのと同じです。

　お客さまが最終的に購買を決める顧客接点がいかに大切かということです。

　具体的には、チラシ、ポスター、パンフレット、POP、カタログ、商品説明トーク、動画、WEBサイト、売り場での表示・接客話法……。そこで展開される情報伝達の1つひとつが、シニアも含めたすべての人々の心に寄り添い、加齢による衰えに配慮しているかどうか……、売れるかどうかは、ひとえにここにかかっています。

序章　▼▼▼　全世代に届けるには、まずはシニアから！

▶▶▶ COPY AND DESIGN

04　加齢現象は、65歳からではない

コミュニケーションにおける加齢現象

眼、見え方の衰え	● 水晶体が硬くなり、近くに焦点が合いにくくなる ● 水晶体が濁り、ものがかすんで見えたり、暗い場所で見えにくくなったりする ● 水晶体が黄色くなり、色の見え方が変化する ● 神経細胞が減少し、奥行きの認識力が衰える ● 光の変化に対する瞳孔の反応が遅くなる
耳、聞こえ方の衰え	● 高音域が聞こえにくくなる ● 音量の調節機能が衰える（リクルートメント現象） ● 周波数分解能の低下で聞き間違いが多くなる ● 時間分解能が落ちて、理解のスピードが落ちる ● 脳への刺激が減り、認知症の原因にもなる
脳、理解力の衰え	● ど忘れ、物忘れが多くなる ● 新しいことへの理解力が低下する ● 情報を読みとる範囲が狭くなる ● 情報を処理する速度が遅くなる ● やる気が低下する
気持ち、感情の衰え	● 気が短くなり、我慢することができなくなる ● 保守的傾向が強く、頑固になる ● 人に対してはきびしくなる ● 猜疑心が強くなる ● 健康状態への不安が高まる

人の抱える「ギャップ」を埋める

人は年をとることで成長または老化していきます。65歳以下の方にも、老化現象への配慮が必要です。「したい」けれど「できない」というギャップが加齢による感覚や心身の衰えです。コミュニケーションにおける主なギャップは以下の4つです。

①眼の衰えによる見え方のギャップ
②耳の衰えによる聞こえ方のギャップ
③脳の衰えによる理解力のギャップ
④気持ちの衰えによる感情のギャップ

このうち、生活への影響が一番大きいのが、眼の老化です。人は外部からの情報の80％以上を視覚から得ていると言われています。
まずは視覚に配慮することから始めましょう。

とくに老眼対策は必須！

左頁は、それぞれの老化による現象をまとめたものです。加齢現象それぞれに、対策が必要となってきます。
「眼、見え方の衰え」の加齢現象の1つ、「水晶体が硬くなり、近くに焦点が合いにくくなる」を例に挙げてみましょう。
これはいわゆる老眼で、多くは40代から始まり、60cmより近くのものが見えにくくなります。一番困るのは、小さな字が読みにくくなることです。チラシやPOPなどをつくる際、「文字を大きくして読みやすくする」ことは必須の条件になります。
これは一例ですが、このような配慮の有無が、顧客接点で買ってもらえるかどうかを決める大きな要因になります。

▶▶▶ COPY AND DESIGN

シニアに配慮すれば、みんなに届く販促になる

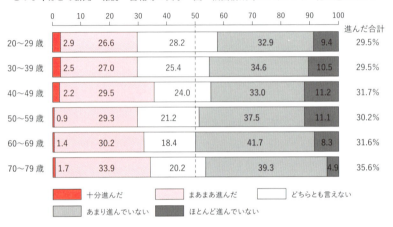

この5年ほどで新聞・雑誌・書籍等の文字・図・紙面構成等のバリアフリー化は進んだか?

出所:平成26年度インターネットによるバリアフリー化に関する意識調査報告書(平成27年3月 内閣府発行)

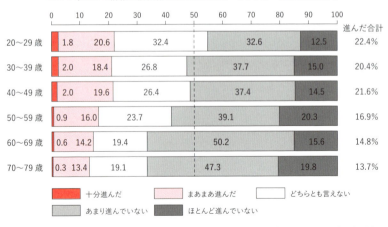

この5年ほどで情報通信機器の取扱説明書のバリアフリー化は進んだか?

出所:平成26年度インターネットによるバリアフリー化に関する意識調査報告書(平成27年3月 内閣府発行)

誰にでもわかりやすいUDが求められている

「バリアフリーデザイン」とは、高齢者やさまざまな身体状況の1人ひとりの機能を補うことを重視した考え方です。一方で「ユニバーサルデザイン（UD）」とは、すべての人にわかりやすい、使いやすいものを提供するという考え方です。そして表現もシニアにとってわかりやすいなら、すべての人にとってわかりやすいのです。

典型例が車いす対応型自動販売機です（16頁の写真）。この機械は、

①最上段の選択ボタンに連動したボタンを低い位置にも設け、無理なく最上段の商品を選ぶことができる。
②商品の取り出し口は、腰をかがめなくても取り出せるように高い位置に設けられている。

このように、どんな人にも使いやすいデザインが施されています。販促デザインの考え方もこれと同じです。

文字情報のバリアフリー化で一歩先を行く

加齢によるギャップへの対応は残念ながら、あまり進んでいません。

少し前のデータになりますが、情報通信機器の取扱説明書のバリアフリー化を「進んだ」と評価する人は、年齢階級が上がるほど少なくなっています。とくに60代では、約66％の人が「進んでいない」と辛口の評価を下しています。新聞・雑誌・書籍等では、50％が「進んでいない」と回答しています。

文字情報をわかりやすく伝えるだけで、他の企業と差別化できるでしょう。

COLUMN

今後急速に高齢化が進む、都市部

　下のデータは、2010年を起点に2025年の後期高齢者の増加率を上位と下位の都道府県でグラフ化したものです。

　一目でわかるのは、大都市圏近郊での増加率が著しいことです。とくに首都圏近郊の埼玉、千葉、神奈川が目立ち、埼玉の100％を筆頭に上位を南関東3県が独占しています。

　逆に、これまで高齢化が急速に進んできたところは、将来的には目立つほどの増加傾向は見られません。

　高齢化の課題はこれから都市部がますます深刻になっていくということです。

出所：「都市部の高齢化対策の現状」 2013年5月　厚生労働省老健局
　　　（2010年高齢者人口は「2010年国勢調査」、2025年高齢者人口は「日本の地域別将来推計人口」）
　　　（2013年　国立社会保障・人口問題研究所調べ）

伝わる販促物作成の基本

▶▶▶ COPY AND DESIGN

コピーでは機能より便益を伝える

✓ 家電の場合

機能訴求

連写は驚異の約30コマ/秒を実現。素早く動く被写体を高速・高精度・高精細に捉えます。

▶

便益訴求

運動会。お子様の素早い動きを正確にキャッチ。一瞬を見逃さず、最高のシーンを残せます。

✓ 日用品の場合

機能訴求

オイルバニッシュ効果で汚れを撃退。

▶

便益訴求

洗剤に5分つけておくだけで、油汚れがしっかり落ちる。

自己主張に過ぎない「機能」

　機能とは、商品やサービスの特長や働きを意味します。対して便益とは、見込客が享受できるメリットであり、商品やサービスによって得られる価値、選ぶ理由を意味します。販促コピーでは、この便益（ベネフィット）を伝えることがとても大切です。

　機能は言ってみれば「私」の主張です。自分、自社、自店の良さをプレゼンテーションしているにすぎません。機能だけをとうとうと語っても、買い手にとってどうなのか？　という視点が基本的に欠けています。機能説明に終始しているコピーは自己満足の域を出ることはありません。

　加えて、機能説明では他社を意識するあまり、難しいスペックをアピールしがちです。その結果、難しい技術用語やカタカナ語が多くなり、わかりにくい販促物になってしまうのです。

買い手、使い手を主語にして「便益」を書く

　一方、便益の主語は、商品の買い手、使い手です。この人たちがどんなメリットを享受できるかをコピーに書くことです。

　難しいことではありません。便益を享受する人を主語にして書いてみてください。「お母さんは、……できます。」といった具合です。……に該当するのが便益です。

　機能を述べてはいけないと言っているわけではありません。便益を裏づける事実としての機能の記述が不可欠なこともあります。ただし、機能だけを語って、便益にふれない広告コピーはあり得ません。

▶▶▶ COPY AND DESIGN

メインコピーは、7つの質問で考える

✓ メインコピーを「What to say」で決める7つの質問リスト

1. これは何であるか？
主語を明確に

2. これは何の役に立つか？
製品・サービスのベネフィット

3. これは、誰の、どんな役に立つか？
誰というのは、必ずしも自分とは限らない

4. これを使うと、こんな良いことがあるか？
ベネフィットの約束(プロミス)

5. どのように使えば、どの点で助かるか？
使用法についての情報提供

6. これを使うと、どんな不便が解消できるか？
問題の指摘と、その解決法の提示

7. これは、他社と比べて、何の点で勝るか？
以前の商品、他社の商品に比べて、こんな点が優れている

まずは What to say で考える

今さらですが「What to say」とは、「何を言うべきか？」、伝える主題や内容そのもののことです。一方「How to say」とは「いかに言うべきか？」でコピーやビジュアルの表現手法やスタイルのことを意味します。

広告コミュニケーションでは、よく「How to say」より「What to say」が大切という言われ方をしますが、厳密には誤りで、どちらも車の両輪のように重要なものです。順序として「What to say」を熟慮したうえで手法論に取りかかれという意味なのです。

商品やサービスの良さが見えてくる7つの質問

その「What to say」を考えることが、実は大きな難題なのです。掘り下げるといくつもの主題が横たわっています。

左頁は「What to say」をより深い部分まで掘り下げたものです。同じように見えて、戦略の根幹が問われているのです。例えば、7の「これは、他社と比べて、何の点で勝るか？」という質問には、同業他社、他店に対して競争優位に立つという狙いがあります。また、5の「どのように使えば、どの点で助かるか？」という質問には、用途を拡大することで、潜在需要層の拡大を図るという戦略的な目論見があります。

一見たやすく思える「What to say」ですが、そこには重要な意思決定が必要です。改めて商品やサービスのアピールすべき点を考えてみてください。

▶▶▶ COPY AND DESIGN

03 結論を早く！逆三角形の文章で伝える

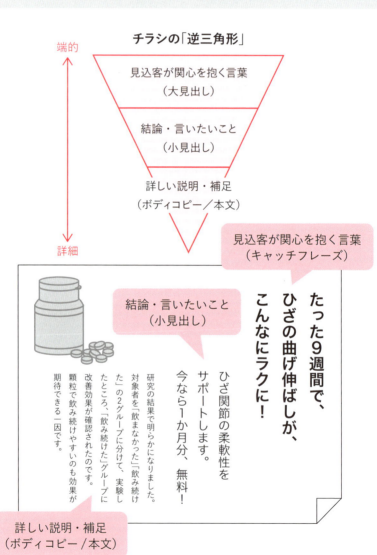

「最後まで読まれないこと」を前提に書く

　基本的な文章構造の1つに「起承転結」があります。なめらかな導入部（起）から、主題を展開し（承）、視点を変えて興味をひき（転）、最後は結語で締めくくる（結）という構造です。

　反対に、結論を真っ先に持ってくる「逆三角形」という文章のスタイルがあります。結論の後に、説明的な事柄を重要度の高い順に書き進める新聞記事などでおなじみの記事体です。読み手が最後まで読まなくても、内容が理解できるように配慮されています。穿った見方をすれば「最後まで読まれない」ことを前提にして書かれています。

　この前提は、チラシなどの販促物にも当てはまります。むしろチラシは、新聞記事以上に読まれないと考えたほうが良いでしょう。

　だからこそ、広告販促物は大見出しが最も重要で、時間をかけて考えないといけない要素になります。

ほとんどのことは見出しで伝えたい

　左頁下のサプリメントのチラシは、「逆三角形」の典型例です。キャッチフレーズには、「9週間・ひざの曲げ伸ばし・ラク」と見込客が関心を抱く言葉が大きく、わかりやすく書かれています。同じ悩みを抱える見込客の心をわしづかみにします。

　次に、「言いたいこと・結論」に持っていきます。消費者に「ひざ関節の柔軟性をサポートする効能があること」、「今なら1か月分無料であること」をたたみかけるのです。

　チラシで訴えたいことはここまででほとんど伝えられています。

　とくに、POPなどの少ない文字数で関心をひく販促物の作成では、「見出しで伝えきる」という考え方がとても役立ちます。

▶▶▶ COPY AND DESIGN

04 価格や特典訴求よりも、Teach & Sell型で情報を盛り込む

✓ **Teach&Sell型新聞広告（全15段）**

良い例（記事体広告）

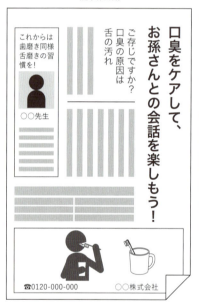

悪い例（チラシ広告）

優れたTeach＆Sell型広告の構成要素

① テーマが絞り込まれている（乳酸菌、誤嚥性肺炎など）
② 自社商品情報と消費者に有用な情報がきっちり区分されている
③ 消費者に有用な情報に大きなスペースをとっている
④ 中立的な第三者の意見や使用事例が掲載されている
⑤ グラフや図表などでグラフィック化されている

売り込み優先の広告は警戒される

　価格訴求や特典訴求による一本槍の広告メッセージは、シニア世代に限らずそっぽを向かれます。明白な「売ってやる」という姿勢に嫌気がさすと同時に、だまされまいという猜疑心から身構えてしまうからです。
　とりわけ、シニア世代への情報発信で適切なのが、「教えながら、売る」というTeach＆Sellの姿勢です。シニア世代に限らず、今まで知らなかった知識や識者の意見を聞くことを嫌がる人は珍しいでしょう。新しい知見や耳慣れない言葉の多い商品やサービスは、しっかり説明することが不可欠ということもあります。

注目したい！ホワイトペーパーと記事体広告

　Teach＆SellをWEB上で行っているのが、ホワイトペーパーのダウンロードサービスです。テーマを絞り深く解説するもので、多くはメールアドレスと引き換えに入手できます。直接売り込むわけではありませんが、価値ある情報を提供することで、結果的に自社商品のユーザーになってもらうことを期待するものです。
　印刷媒体でここ数年でよく見受けられるのが、記事体広告です。チラシでも同じ形式を取り入れているものをよく見かけるようになりました（左頁の良い例参照）。記事体広告を作成する際には以下の点を心がけてください。

　①シニアがなじんできた縦書きが望ましい
　②15段のうち10段を啓発情報に割き、売り込みをしないこと
　③情報量が豊富で読みごたえがあること

▶▶▶ COPY AND DESIGN

05 メッセージはペルソナに向けて発信する

✓ ペルソナの記述例

初期「ニュータウン」の戸建てに住む 70 歳男性
加藤忠男さん

1970 年に千葉県松戸市に土地を購入し、家を建てた。
家族は妻（68 歳）と娘、男二人（みな独立）。
都内の銀行に 60 歳の定年まで務める。その後、関連会社の役員を勤め、退職。
現役のときの貯蓄、親からの遺産、株の運用で経済的にはゆとりがある。
今のところ、夫婦ともに健康について深刻な不安はない。
このごろ夜の運転や駐車が不安。狭い駐車場も避ける。
妻も自身もグルメ好き。値が張っても美味しいものが食べたい。
ときどき、房総の漁港や道の駅に産直を買いに行く。

ペルソナとは、見込客の見える化

　広告メッセージは「手紙」だと言われます。広告が届ける情報は不特定多数にあたりさわりのないものではなく、見込客の属性や生活様式に踏み込んだものが望ましいということです。
　そのためには、ペルソナを策定し、見込客を明らかにすることです。ペルソナとは、「実在する人々についての明確で具体的なデータをもとにつくり上げられた架空の人物」です。たとえ簡単にでも見込客像を明確にすることで、メッセージ設計は一本芯の通ったものになります。

ペルソナは具体的なデータから導き出す

　では、具体的にペルソナを策定するにはどうすれば良いのでしょう？　注意しておきたいことが2点あります。
　1つ目は策定するペルソナの数と優先順位についてです。
　むやみに多くても消化しきれませんし、数を追うのが決して効果的とも言えません。通常3～5例が妥当とされています。
　その中のどのペルソナから優先的に取り組むかは、一般的には、当該商品やサービスの使用頻度、マーケットサイズ、戦略的重要性、購買力などを考慮して検討することになりますが、当然、経営方針・営業課題によって変わってきます。
　2つ目は、ペルソナ策定に大事なことは、「人物像を客観データから導き出す」ということです。客観データとは、意識調査などから得られる傾向・志向、典型的な生活様式、環境、一定の市場規模が見込める属性などを意味します。実在の人物の引き写しはおすすめできません。一個人には癖や偏向があり、集団を代表できないからです。

1章　伝わる販促物作成の基本

▶▶▶ COPY AND DESIGN

情報の質を上げる「ファクト率」をチェックする

✓ **事例A**　　ファクト率：75.6％

地図は老眼用で、案内板は近視用、遠景はメガネなし、本当に面倒！

視線を動かすだけで、手元から遠くまでくっきり見えるシニアグラス

1つのレンズの中に「遠・中・近」の3つの焦点があるこのメガネは、境目なく度数変化する累進レンズで、上下の焦点移動も自然です。

✓ **事例B**　　ファクト率：60.4％

「偏光サングラス」と「非球面シニアグラス」が1つになりました！

とてもアクティブでお洒落な、新しいコンセプトで開発された"お洒落なファッション偏光老眼サングラス"

どこから見てもお洒落でアクティブ。老眼鏡には見えません！ゴルフ、釣り、旅行等々これ1本で野外の活動をアクティブに！

コピーの信頼性は
事実を淡々と説明することで担保される

　POPやチラシのコピーを考えたら、弊社が提唱する「ファクト率」という基準でチェックしてみてください。コピーにおける事実（ファクト）の含有率を意味します。○％以上なら合格というような基準値があるわけではありませんが、ファクト率が高いほど、コピーの内容は充実し、信頼性が高まると言えます。

　ここで言う事実とは、真実というニュアンスとは異なります。信頼できる具体的で正しい情報を中心に文章が組み立てられていることを意味します。言い換えれば、主観的な感想やイメージで薄められていない文章とも言えます。

主観的な感想、抽象的な言葉は避ける

　左頁の事例Aと事例Bを比べてみるとよくわかります。

　事例Aの「ファクト率」は、約76％です。印象評価の部分がほとんどなく、商品の特長である事実が淡々と述べられています。事実でない部分の大半は、大見出しに割かれていますが、これは共感形成において必要な部分と言えます。そう考えると不必要な部分はほとんどありません。

　一方の事例Bの「ファクト率」は約60％です。「アクティブ、お洒落」など、主観的、抽象的な言葉が目立ちます。

　「ファクト」を語っている部分も多いのですが、「偏光サングラス、非球面」などのテクニカルに寄った言葉が多く、一般の方にとってはとっつきにくい言葉だと言えます。

▶▶▶ COPY AND DESIGN

伝わる販促物作成の基本ステップ

1. 一番伝えたいことを考える
2. ターゲットを決める
3. 何をしてほしいか決める
4. 盛り込みたい内容を列挙し、優先順位をつける
5. 構成を考える（サムネイルを書く）
6. コピーを書く
7. レイアウトに落し込む
8. カラーリングを考える

まずは目的と目標値を考える

　一番大切なのが、販促の目的を確認することです。商品の紹介なのか、イベントの告知なのか、店舗のオープンなのか……。チラシではあれもこれもと欲張らずに、伝えたいことを1つに絞るほうが効果的です。

　そのうえで、具体的なお客さま像（ペルソナ）を明確にし、効果が数値化できる目標を決めます。そのお客さまに何をしてもらいたいかを考えてみてください。イベントに来てほしい、資料を請求してほしいといったことであれば、来客数や資料請求数が重要な目標数値になります。

全体を俯瞰して制作する

　ここから制作の段階に入ります。キャッチフレーズ・メインビジュアル・問い合わせ先・地図・日時など、チラシに欠かせない構成要素を抽出したら、優先順位をつけて構成を考えてください。粗い見取り図（サムネイル）を描けば、全体のバランスがわかります。

　続いて、簡潔さを心がけてコピーを書いてください。たとえスペースがあっても、無理に文字で埋めようとしてはいけません。

　仕上げはデザインです。文字組みやレイアウトルール、書体等を決めて、配色を考えていきましょう。

　最後に全体を再度確認します。見分けやすい配色になっているかなど、見えるか、読めるかというのが最重要確認ポイントです。

COLUMN

主役はあくまで商品やサービスであり、イメージではない

上の広告は1959年から17年間にわたって続いた、フォルクスワーゲンの広告キャンペーン。アメリカの広告代理店DDB（ドイル・デーン・バーンバック）社によるもので、広告の古典とまで言われ讃えられ続けています。

同社の広告哲学の1つとして、下記が有名です。

「売ろうとしている商品について言わなければいけない重要なことを発見すること。その商品が、競争商品に立ち向かえるだけの優位性、あるいは相違点を真剣に追求すること。」

平たく言えば商品が主役ということです。ごく当たり前のようですが、有名人の写真に頼ったり、イメージ画像やコピーに寄り掛かった広告が多く見受けられる日本では、かえって新鮮で重要です。

2章

シニアの心理でコピーをつくる

▶▶▶ COPY AND DESIGN

公式01 1行の文字数は、25文字以内に収めよう

豆の王様『丹波黒黒豆』の大粒だけを厳選して使用。大粒の丹波黒黒豆は大自然の恵みをいっぱい受けているので、豆の甘さ、柔らかな食感は格別です！

1行33文字。許容範囲内だが、目の老化現象が進むと少し辛い

豆の王様『丹波黒黒豆』の大粒だけを厳選して使用。大粒の丹波黒黒豆は大自然の恵みをいっぱい受けているので、豆の甘さ、柔らかな食感は格別です！

1行23文字。視野幅を考えるとこのくらいが理想

POINT

1行の文字数は25文字以内が理想。短文に区切ってコピーを書くことを心がけよう

横書きは視線の動きから文字数を考える

　コピーを書き始める前に、決めておくべき重要なルールがあります。それは、1行の文字数です。

　理想的には、22〜25文字程度です。多くても30字以内に収めるようにしたいものです。

　横書きの視線の動きを考えてみましょう。左から右へ水平移動した視点は、行末にくると次の行頭を探します。この移動距離が長いと、次にどの行を読もうとしていたのか、わかりにくくなります。

　人間が知覚できる情報の塊をチャンクと呼びます。最小の意味の単位となる「文節」と考えれば近しいでしょう。わかりやすい文章は4チャンク前後で構成されていると言われています。1行が長いと当然チャンク数は増えますから、そのぶん、読解に支障をきたします。

　ちなみにPOPの場合は、全体で30〜40文字が適切とされています。お客さまが立ち止まって読む時間を15秒として、その間に確実に読んでもらえる文字数を割り出したものです。

縦書きは文庫本でも1行40字未満

　縦書きの場合は、やや幅があります。1行の文字数が少なくて読みやすい媒体の新聞を例に見てみましょう。朝日新聞が1行12文字、日本経済新聞では11文字です。

　一方、1行の文字数が多いと思われている小説などの文庫本も、その基本的な文字組みは、現在では40文字を超えるものはあまり見かけません。近年では、38文字前後で収めているものが多くなってきました。以前より文字もずいぶん大きくなってきました。

▶▶▶ COPY AND DESIGN

公式02　1センテンスは短く簡潔に！40文字以内に収めよう

一文が長く、漢字も多くて読みづらい

健康診断のたびに医者に「生活習慣が…」と言われて一喜一憂し始めたら、エイジング対策を開始する合図かもしれません。

1センテンスの文字数　**52**文字

漢字混じり率　約**42**%

一文が短く、漢字も多すぎず、とても読みやすくなっている

健康診断のたびに医者に「生活習慣が…」と言われるシニア。一喜一憂し始めたら、エイジングケアを始めるサインかもしれません。

1センテンスの平均文字数　約**27.5**文字

漢字混じり率　約**31**%

POINT

コピーは短文に区切って歯切れよく。
字面が黒々としてきたら、意識的にかな表記を活用しよう

読みやすいのは1センテンス約35文字

　短く、簡潔に書くことが、全世代に見やすいコピーへの近道です。その基準は40文字前後という基準を多くの識者が目安としています。

　ちなみに夏目漱石の『坊っちゃん』は、1センテンスの文字数が平均35文字です。志賀直哉や川端康成の代表的な小説も、平均33〜35文字に収められています。小学3年生の教科書が、平均30文字弱。週刊誌と6年生の教科書が、35文字前後。総合雑誌の小説が、45文字程度で一文が綴られています。

　ただ、これらはあくまで平均です。文字数の多い一文もあれば、短い一文もあります。一文の長さに、長短があれば、文章にリズムが生まれ読み進めやすくなります。

　大作家のように文章の達人になる必要はありませんが、長短なべて、35〜40文字平均で文章を綴ることができれば、読みやすさとしては合格と言えるでしょう。

漢字混じり率30％、6行を限度に改行を

　一見して版面（はんづら）（印刷される範囲）が黒々としている紙面を時々見受けます。黒々と迫ってくるような紙面は、とっつきにくく、実際、読みにくいものです。この原因の1つが版面における漢字の含有率です。この漢字含有率は約30％を境にそれ以上だと目に圧迫感があり、それ以下だと読みやすいと言われています。

　左頁のBAD例は漢字含有率が約42％です。読めないことはありませんが、GOOD例の約31％に比べればずいぶんいかめしく見えます。

　できるだけ平たく、語感も字面も穏やかな和語を用いるのも1つの方法です。

▶▶▶ COPY AND DESIGN

公式 03 「コスパ」は伝わらない、「アスリート」は使わない

リサイクル	アカウンタビリティ	アイデンティティー	NPO
ボランティア	スキーム		WTO

| | ビジネス用語で、仕事を離れた人には馴染みがない | 意味が明確でなく、つかみどころがない | 英字は、字面からイメージが伝わらない。似たような略語が多く、紛らわしい |

リサイクル	説明責任	アイデンティティー（そのものらしさを保つ）	NPO（民間非営利組織）
ボランティア	計画、図式		WTO（世界貿易機関）

| おおむね定着している語は、そのまま使う | 定着が不十分な語は、言い換える | 定着が不十分で、わかりやすい言い換えがない語は、注釈をつけるなど工夫をする | ローマ字の頭文字を使った略語は日本語訳などをつける |

出所:「国際社会に対応する日本語の在り方」（文部科学省 国語審議会答申）をもとに作成

POINT

外来語や外国語などのカタカナ語は可能な限り、日本語に置き換えよう

とくにカタカナ語には要注意

　日本人、とくにシニア世代の言語感覚には次の３つの傾向が見られます。

①「自分ゴト」に引き寄せられない言葉は敬遠する
②会話などで使用されて日の浅い、未成熟な言葉を敬遠する
③カタカナ言葉へのアレルギーは根強い

「外来語や外国語などのカタカナ言葉の意味がわからず困ることがあるか」との問いに「よくある」と答えた人は、40代が11.0％、50代で21.1％、60歳以上になると31.4％。高年齢層ほど多くなっています[※1]。
　「漢字とカタカナ語どちらを使うか」という興味深いデータもあります。例えば「運動選手かアスリートか」という質問では、20代ではアスリートが約73％、運動選手は9.8％。70代では逆に約70％が運動選手を使い、アスリートは約17％でした[※2]。

「タイアップ」なら、「提携」に置き換える

　全世代にメッセージを届けたいなら、原則としてシニアが理解しにくい言葉は使わないことです。「コスパ」等の略語、「タイアップ」のような外来語、「ナノ」といった学術用語がそれらに該当します。他の表現ができる場合は使用を避け、使用する場合は解説を付け加えるようにしましょう。例えば、「Ａ社とのタイアップにより、新しい保証が加わりました」より、「Ａ社との提携により、新しい保証が加わりました」と書くのが親切です。
　使うか、使わないかの１つの物差しになるのが、文部科学省 国語審議会答申による、左頁の考え方です。参考にしてください。

※1　平成24年度「国語に関する世論調査」（文化庁）
※2　平成27年度「国語に関する世論調査」（文化庁）

▶▶▶ COPY AND DESIGN

公式04 新しい言葉、本来の意味と違う言葉は使わない

新しい表現や慣用句、世代によって
受け取り方が違う言葉は避けたほうが無難

- 心が折れる
- さわり

- 気持ちが萎える
- 話の要点、核心部

年齢層を問わず、伝わる言葉を
注意深く選択すること

POINT

本来の意味から離れた言葉には要注意。
わかるかどうか、身近な人に聞いてみよう

「心が折れる」という言葉は
全世代には通じない

　前項の公式03は、主に外来語や略語の話でしたが、れっきとした日本語でも使用を避けたい言葉があります。1つは新しい表現や慣用句です。例えば「心が折れる」という慣用句があります。「使うことがある」と答えた方は、20代で76.2％、30代でも65.2％と多数派を占めています。

　一方、60代は「使うことがある」方が26.6％にまで減少します。70歳以上ともなれば、17.5％にまで激減します。

　ちなみに「気持ちを相手に曲げる」という元来の意味を離れ、「くじける」といった意味合いで使われ始めたのは、2000年前後で、格闘技選手の発言に端を発したようです。

　日頃慣れ親しんだ成句でも、シニア世代には肯定的に受け取られない場合があります。考えたコピーが通じるかどうか、想定するペルソナに近い年代の人に聞いてみるのも一法です。

「さわり」とは、話の要点か？
話の最初の部分か？

　同じ言葉でも、年齢層によって異なる意味に解釈される例もあります。例えば「さわり」という言葉。本来の意味は「話などの要点」のことですが、若い年齢層の多くは「話の最初の部分」という意味で、この言葉を用いています（20代：62.3％、30代：64.7％）。

　一方、70歳以上では本来の意味で使っている人が45.8％。「話の最初の部分」（35.1％）を上回っています。「ぞっとしない」、「知恵熱」といった言葉も同様の傾向にあります。

公式04のデータは文化庁「平成28年度　国語に関する世論調査」を出典としています

▶▶▶ COPY AND DESIGN

公式05 シニアの不満や不安に寄り添う

✓ **シニア向けのコピー、IH調理機器の場合**

間違ってはいないが、響かない人もいる

幅広いレパートリーの料理が
おいしく手軽につくれます

炎が袖に移ることがない調理場で
安心して家庭の味をふるまえます

直火を使わない安全性のほうがどんな世代にも切実な話題

POINT

担当する商品やサービスはどんな「不」を
解消できるか、一度しっかり考えてみよう

日常生活の「不」を解消するコピーが効く

　人は長く生きるほど、不安、不満、不足といった「不」が増えていきます。それは喪失の連続でもあります。親しい人の不幸、仕事からのリタイア、自らの体力や知力の低減……。そんな「不」が、商品によって解消できると提案することが全世代に効くコピーになります。

　かといって、弱味につけこんで脅しをかける、という意味では決してありません。悩みをさりげなく提示して、その処方箋を差し伸べる……。コピーは1つではなく、いくつも切り口がありますが、このような立ち位置で書くコピーが人の気持ちに染み渡るのです。

　例えば、ＩＨ調理機器なら、レシピの多様性を訴えるよりも、直火を使わない安全性を訴えるほうが、心に届くかもしれません。

脅しではなく、生活のひとコマを切り取る

　とくにシニア向けの広告やチラシには、「不」の解消を謳ったコピーが数多くあります。いくつか紹介しましょう。

「口元、目元、全身にうるおいは足りていますか？」
「年齢とともに。ストレスなどで。ぐっすり眠れないかたへ」
「女性の薄毛に『もう遅い』なんてありません」
「大ピンチ！！　昨年の服が入らない」
「人の名前が出てこない……。　放っておいていいの？」

　どのコピーも、平明な語り口で、奇をてらったものは1つもありませんが、生活のワンシーンを鮮やかに切り取っています。

▶▶▶ COPY AND DESIGN

公式06 「ほとんど」ではなく、「98％」で信頼性を獲得！

「大半」や「ほとんど」に読み手は「逃げ」を感じる

チョコレートにくるむと、
生きた乳酸菌が<u>とても大量に</u>おなかに届きます

チョコレートにくるむと、
生きた乳酸菌が<u>100倍</u>おなかに届きます

厳密さを持つ数字に読み手は信頼を寄せる

POINT

説得力ある数字を日頃から収集し、記録しておこう

「数字」は、あらゆる形容詞より雄弁

　例えば、あなたは左頁のBAD例とGOOD例のコピーのどちらを信頼できるでしょうか？

　おそらくGOOD例のほうが気になるのではないでしょうか。

　「とても大量に」という言葉を「100倍」という数字に置き換えるだけで、コピーの力はぐっと強くなります。数字という「事実」の持つ強みです。「高純度」と書くより、「純度99.4％」と書くほうが強い印象を与えるというのも同様です。「ほとんど」や「大半」といった副詞よりも、数字を使うほうが、相手に商品をアピールできます。意外性のある数字だとさらに効果的です。

　「大量」と言われてもピンときません。ところが、「100倍」と厳密な数字を使って言われれば、その量を具体的にイメージできるのです。

実数の多さ、従来品との比較も数字が有効

　実数の多さを強調する場合や、従来品との比較をするときにも、違いを次のように数字で表現すると、説得力が大いに増します。

- ●「5つのトライアルキット1週間分1,200円」
- ●「化繊素材と比べて、2倍の吸湿力のコットン」
- ●「お手入れは約1分！選ばれて売上実績2,000万個」

　もっと欲を言えば、切りの良い大雑把な数字よりも、1の位まで実直に書くほうが説得力が増します。「1000人が買った」ではなく「995人が買った」と書くことです。読者は後者により大きな信頼を寄せます。

▶▶▶ COPY AND DESIGN

公式 07 年齢を訴えることで「自分ゴト」化する

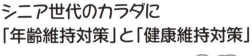
シニア世代に対して「シニア世代のあなたへ」と名指しにしても効果はない

シニア世代のカラダに
「年齢維持対策」と「健康維持対策」

60代のカラダに
「年齢維持対策」と「健康維持対策」

今の若々しさの維持を手助けする内容で
商品をアピールすることが大切

POINT

シニア世代に向けて「シニアの方へ」と言ってはいけないのは、もはや常識

読まれるか、読まれないかの分かれ目

　発信されたメッセージを受容するか、放っておくか……。その大きな分かれ目が、コピーを「自分ゴト」だと認識するかどうかです。序章でもご紹介したように、シニア世代に対して「シニア世代のあなたへ」と名指しにしても効果はありません。多くの人が「シニアとは自分より上の年代だ」と思っているからです。ではどうするか？　答えの1つは年代で具体的に呼びかけることです。

年代を名指しすると効果的だが、ルールはある

　具体的な実年齢は、主観の混じりようがありません。間違いなく「自分ゴト」だと思ってもらえるでしょう（前項公式06にも通じる数字の持つ説得力です）。

　かといって、実年齢につなげて消極的な現実に向き合うようなコピーは禁物です。「多くの人が実年齢より若い気分でいる」ということを肝に銘じて、あくまでも「今の若々しさの維持を手助けする内容で商品をアピール」することを心がけましょう。

「70歳になっても、80歳になってもカラダは動くか」
「60代のカラダに『年齢維持対策』と『健康維持対策』」
「60代・70代のハリ優先。期待できる最新対策です」

　上記は年齢（年代）で主張するコピーの実例ですが、現状を肯定しながら、前向きな提案になっていることに注目してください。

2章　シニアの心理でコピーをつくる

▶▶▶ COPY AND DESIGN

公式 08 「あなたへ」と大見出しで呼びかける

常識的すぎる
「お盆休みが待ち遠しい方へ」

具体的すぎる
「軟骨の成分を摂り込んで、ひざ疾患を予防したいあなたへ」

「『人の名前が思い出せない』とお悩みのあなたへ」

「余裕ある時間を語学学習に充てたいとお考えの方へ」

「今年こそは週1回の休肝日を設けたいお父さんへ」

あるある！　と共感できる「程の良さ」がある

POINT

まずはペルソナをイメージしながらどんな「あなた」なのかを具体的にしよう

相手の心に響く名指し型の見出し

年代を名指しする以上に心に届くのが、見込客の考え、悩み、望みなどを代弁して「あなたへ」と呼びかける大見出しの型です。大見出しの内容が具体的なほうが、より深いレベルで「自分ゴト」化できます。多くのシニア世代が抱える3つの不（不安・不満・不足）に直に訴える効果的な見出しの「型」でもあります。

「『人の名前が思い出せない』とお悩みのあなたへ」
「余裕ある時間を語学学習に充てたいとお考えの方へ」
「今年こそは週1回の休肝日を設けたいお父さんへ」

といった語りかけが一例です。

常識的すぎない、具体的すぎないこともポイント

この型の見出しで大事なのは、どのように呼びかければ、読み手を立ち止まらせ、本文に誘導できるかを充分検討することです。1つは、当たり前の思いや悩みにならないこと。「お盆休みが待ち遠しい方へ」では、当たり前すぎて読み手は素通りしてしまいます。

もう1つは具体的にしすぎても逆効果になることです。「軟骨の成分を摂り込んで、ひざ疾患を予防したいあなたへ」では、かえってイメージしづらく、「自分ゴト」として響いてきません。商品の特長から発想すると得てしてこのような売り手発想になりがちですので、注意が必要です。ペルソナを意識して、心に響くコピーを考えましょう。

▶▶▶ COPY AND DESIGN

公式09 証言や体験談をコピーに活かす

決して間違っているわけではないが、購入に結び付けるだけのパワーがイマイチ足りない

旅先の装いはもちろん、寒いときの体温調整や室内でかけたりと、さまざまなシーンで活躍するウールのビッグストールです。

元CAが蓄積した旅のノウハウから誕生！
旅先の装いはもちろん、寒いときの体温調整や室内でかけたりと、さまざまなシーンで活躍するウールのビッグストールです。

最初の1行を加えるだけで、説得力がパワーアップする

POINT

日頃からお客さまの声を丹念に収集しておこう

推薦文以上に強力な武器はない

　実際に使用した人の意見は現実味が強く、自分ゴトとして認識でき、口コミ効果も期待できます。著名人や業界のプロの意見も説得力があります。アメリカの伝説的コピーライターである、デイヴィッド・オグルヴィ氏もその著書の中で、次のような言葉を残しています。

　「コピーには常に推薦文をつけておくべきだ。読者には、匿名のコピーライターの大絶賛よりも、自分と同じ消費者仲間からの推薦のほうが受け入れやすい。通販屋は、推薦文以上に強力な武器はないということを知っている。」(『ある広告人の告白』ダヴィッド社刊より引用)

大事なのは、「事実にもとづいた気づき」

　ただし、単なる権威づけにならないように注意しなくてはなりません。素人にも容易に思いつくことなら、あえて威を借りる必要はないからです。例えば医師であれば、大事なのは、医師であることよりも、いかにも医師らしい見方・気づきがあるかどうかです。

　逆に一般人でも子育て経験にもとづいた「なるほど」という気づきがあれば、次のように説得力豊かなコピーになります。

「アレルギーの長男が快適に過ごせるよう、24時間換気システムが備わっている○○建築の住宅を選びました」(主婦)

「家があたたかいと活動しやすくなる。冷え性でも出勤前の家事がはかどるのは、どのお部屋も＜暖差＞がないから」(内科医)

▶▶▶ COPY AND DESIGN

公式 10 箇条書きで要点の理解を促す

由布院の温泉宿泊施設はにぎやかな町並みから外れた周辺の川端や松林の間、丘の上などに点在していて、湯量もとても豊富です。

一文が長く、要点がわかりづらい

由布院の5つの魅力

1. にぎやかな町から、外れた所にある
2. 川端や林の間、丘の上など自然の中に点在している
3. 湯量が豊富

要点が整理されて頭に入りやすい

POINT

商品やサービスのメリットを箇条書きで整理しよう。頭の中でプレゼンしながら考えるのも一法

なぜ箇条書きが効果的なのか？

　箇条書きは、コピーを書くうえで、重要です。読み手の情報処理を書き手が肩代わりして、その骨子だけをわかりやすく提示できるからです。箇条書きなら、論旨が一貫しない、複雑な文脈に悩まされずに文意をすんなりと理解できます。論旨の混乱のもとになる接続詞を省くことができます。

　年齢を重ねるにつれて、文章内容を理解するために、多くの時間がかかるようになります。一般に、「加齢による理解・作業能力の変化について21歳〜55歳と比較した65歳以上の作業時間は約1.5倍に及ぶ」と言われています（凸版印刷株式会社　ユニバーサルデザイン基礎資料　ニールセン・ノーマングループ調査から引用）。

「マジックナンバー」を活用して覚えてもらう

　箇条書きだからといって、その個数を多くしすぎると、逆に伝えきれません。並べる項目の数は、最大で9項目。それ以上だと、情報処理の肩代わりを担ったことにはなりません。

　プレゼン関連で、「マジックナンバー」という言葉があります。伝えるべきポイントの個数のことで、たいてい、話の冒頭で「本日お伝えしたいことは○つあります。」と宣言して、受け手が理解する環境を整えます。この○の中に入る数字は、「3・5・7」が最も頭に入りやすい数字とも言われています。

　販促コピーもいわば商品の魅力を伝えるプレゼンです。マジックナンバーも大いに活用しましょう。

▶▶▶ COPY AND DESIGN

 アクションコピーで
行動を促す

お食事つき
内覧会開催中

お近くの会場の
内覧会にぜひ
ご参加ください

「開催中」だけのおとなしい
メッセージだけでは
行動を誘発しない

行動を起こしたくなる
呼びかけメッセージを
書く

POINT

成果となる指標を明確にすることから始めよう

「次に何をすれば良いか？」を明確に！

「〜してください！」、「〜をしましょう！」といった行動を促すコピーを弊社では、アクションコピーと呼んでいます。資料請求、ショールームへのお誘いなど、次のアクションを喚起するひと言を入れると、商品購入に一歩近づけることができます。逆に、ここでのひと押しがないと、読み手は、「ふーん」という漠然とした印象を受けるだけに留まります。

強く誘導することは、無理強いすることではありません。静かに「内覧会開催中」と言われるより、「ぜひご参加ください」と強く促されるほうが読み手にとっても行動意欲を掻き立てられるものなのです。

これは、売り手の機会損失だけではありません。買い手にとっても、せっかくの機会を見逃すことにつながります。また、とくにシニア世代は結論を急ぐ傾向にあります。「次に何をすれば良いのか」を教えてあげると親切です。

読み手を「宙ぶらりん」にしてはいけない

アメリカの広告の巨人、ジョン・ケーブルズ氏も次のように語っています。

「通販広告は最後に必ず『いますぐお申込みを』と強く促して締めくくっている。よほどの反対理由がない限り、一般の広告の最後も同じように促したほうがいい。せっかく見出しで相手の心をつかみ、コピーで興味をそそったのだ。そこで宙ぶらりんのまま放っておいてはいけない。次に何をすべきかを伝えること。」（『ザ・コピーライティング—心の琴線にふれる言葉の法則』ダイヤモンド社刊より引用）

▶▶▶ COPY AND DESIGN

公式12 便利・快適・安心……。手垢のついた言葉は使わない

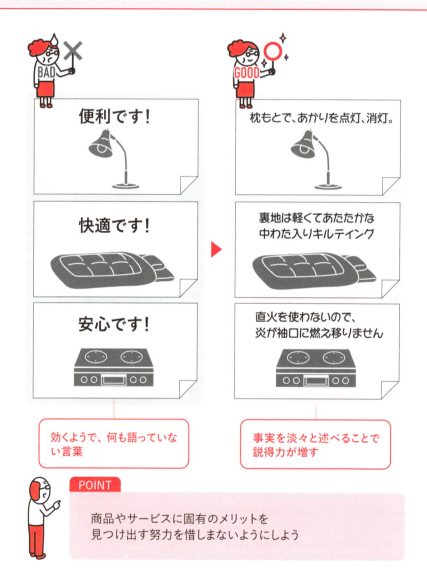

POINT

商品やサービスに固有のメリットを
見つけ出す努力を惜しまないようにしよう

実は何も語っていない「便利」という言葉

　代表的なNGワードが、「便利」・「快適」・「安心」。「○○という理由があって便利」という説明は、さすがに本文では述べられていることがほとんどですが、見出しでは、その理由が省略されているのです。

　世の中の大半の商品やサービスは、便利で、快適で、安心に暮らせるように製造され、提供されています。便利・快適・安心だけでは、差別化できていない、何も語っていないのと同じです。

　動詞では、「楽しむ」がそれに近いと言えるでしょう。要は、守備範囲の広すぎる言葉は避けようということです。

　コピーの中で最も重要な大見出しに情報がなければ、読み手はそれ以上読み進めません。

「不」が解消されることを淡々と伝えるだけで良い

　便利や快適などとあえて言わなくても、「どういった不満や不安が、どう解消できるか」を淡々と語るだけで、意味は充分伝わります。

「リモコンで手元からスイッチを点けたり消したりできる」
「調理中に出たゴミを腰をかがめずに捨てられる」

　と平明に語るほうが、実は知的な文章なのです。意味のない言葉を避けて事実を訴えることを心がけましょう。

▶▶▶ COPY AND DESIGN

公式13 長い修飾語が先、短い修飾語は後

間に長い修飾語がはさまると
文全体の構造がわかりにくくなる

軽い 牛革の 丁寧な仕立ての バッグ
3音　　5音　　　9音

丁寧な仕立ての 牛革の 軽い バッグ
　　9音　　　　5音　　3音

音数の長い修飾語から
順に並べると理解が早い

POINT
誤字・脱字に加えて、修飾語の順序も
必ずチェックするようにしよう

長い修飾語を先にするだけでわかりやすくなる

　公式13は、日本語の作文技術の根幹をなす、最も重要なルールの1つと言っても過言ではありません。元朝日新聞の記者で、多くの書籍を著した、本多勝一氏も『わかりやすい文章のために』(すずさわ書店)でこのルールの大切さを、多くの構文を例に挙げて力説されています。
　ルールは非常に簡単です。同じ言葉にかかる2つの修飾語がある場合、長い修飾語を先に持ってきて、短い修飾語は後にする……。
　ただそれだけのことですが、文意の理解の早さは、まるで違ってきます。この簡単なルールが意外に守られていません。

「丁寧な仕立ての軽いバッグ」か、「軽い丁寧な仕立てのバッグ」か

　比較的語数の少ない実例を挙げてみましょう。

　A．軽い牛革のバッグ
　B．牛革の軽いバッグ

　どちらがわかりやすいでしょうか？　「軽い」も「牛革の」も、どちらもバッグを修飾する言葉ですが、Aのほうに少し違和感がありませんか？　3音の修飾語の次に5音の修飾語がきているからです。
　このように、3音と5音ならそれほど違いはなく理解の妨げにはなりませんが、もう1つ長い修飾語が続く場合はどうでしょう？

　C．軽い牛革の丁寧な仕立てのバッグ
　D．丁寧な仕立ての牛革の軽いバッグ

　CとDのどちらのほうが理解が早いか、もうおわかりですね。

▶▶▶ COPY AND DESIGN

公式14 かかる言葉と受ける言葉は直結させる

複数の意味に解釈されてしまう

| とてもご年配とは見えません | 素材の上質なアンサンブル  |

かかる言葉と受ける言葉を直結させると理解が早い

| かなりのご年配、とは見えません | 上質な素材のアンサンブル  |

POINT

勘違いされるような文になっていないか、必ずチェックするようにしよう

意味が複数ある言葉は避けるか置き換える

　読んでいてスーッと頭に入らないコピーの大部分は、言葉の順序を入れ替えることで解決できます。前項の公式13「長い修飾語が先、短い修飾語は後」もその1つですが、本項では「そもそもどの語にかかるのか」がわからない場合の解決法を探っていきます。

「とてもご年配とは見えません。」

　この見出しの文は、一見簡単ですが、2つの意味に解釈できます。1つは、「『とてもご年配』とは見えない」という解釈で、「とても」は「ご年配」にかかると見た場合です。
　もう1つは「ご年配とは『とても見えない』」という解釈です。この場合は、「とても」が「見えません」にかかっています。
　曖昧さを払拭する方法は、「とても」を使わないことです。複数の意味を持つ言葉だからです。かわりに「かなりの」を使えば曖昧さはなくせます。さらに、読点を上手く使って言葉のまとまり感を強調すれば、よりわかりやすくなります。
　「かなりの年配、とは見えません。」　これなら正しく伝わります。
　「素材の上質なアンサンブル」という見出しも、「素材が上質」とも、「アンサンブルが上質」とも両方の意味で解釈できます。
　文脈上、前者であることは明快ですが、「上質な素材のアンサンブル」と、語順を入れ替えるだけでわかりやすくなります。
　つまり、消費者の勘違いを防ぐためには、かかる言葉と受ける言葉を隣同士に置いたほうが良いということです。

▶▶▶ COPY AND DESIGN

公式 15 見出しで問いかけて興味をひく

当たり前の説明では逆効果

タンパク質は、筋肉や血液、皮膚などの組織をつくっています

ご存じですか？
タンパク質の摂取量は、年々減り続けています

ニュース性に富んだ意外性のある事実を書くと効果的

POINT

担当する商品やサービスの便益を語るうえで、
ニュースになるものはないかチェックしておこう

意外性が命の型、「ご存じですか？」

　「問いかけ」は見出しに注目を集める方法の1つです。人は質問されると、答えようとする習性があるからです。
　問いかけにもいくつかの型がありますが、代表的なのは、「ご存じですか？」と切り出す見出しです。常識にはないこと、普通には知られていない、気づいてないことを問いかけて、注目を集めるやり方です。
　例えば、

「ご存じですか？　オフィスは年間260日も無人です」
「お宅の1日あたりのお米代をご存じですか？」といった具合です。

　この型はニュース性、意外性が命です。
　例えば、

「タンパク質は、筋肉や血液、皮膚などの組織をつくっています」

　では、誰も振り向いてはくれません。

書き手の独白は、読み手を素通りさせる

　読み手に考えさせる「Aですか？　Bですか？」という型もあります。例えば旅行会社の広告なら、「旅の初日、移動で終わりますか？　名所の1つでも回りますか？」といった見出しをつけると効果的です。Bの内容をより鮮やかに訴えるために、Aと対比させることが狙いです。
　逆に、やってはいけないのが書き手の独白や思い込みに類する見出しです。
　いきなり「オフィスは無人の日が多いと思う」という主張では、読み手は素通りしてしまいます。

▶▶▶ COPY AND DESIGN

公式16 安易な共感から始めない

わかりきった常識で導入部を設けても紋切型で、煩わしいだけ

シニアへの底の浅い共感形成は陳腐に見え、かえって嘲笑を買う

世界で最も不快だと言われる日本の夏がやってきますね。

京都のお寺めぐり。夕方になると足がくたくたですね。

今年の東京。10月まで真夏日が残ると言われています。

京都のお寺めぐり。ブーツの脱ぎ履きが重なると煩わしいですね。

事実やニュース性のある導入部なら読み進めてもらえる可能性がある

1シーンを鮮やかに切り取れれば共感形成ができる

POINT

コピーに冗長な部分がないかをチェックする習慣をつけておこう

導入が陳腐な挨拶になっていないか？

「コピーは手紙だ」とよく言われますが、手紙に必要とされて、コピーには全く不要なものがあります。それは、時候の挨拶です。

例えば、エアコンのチラシやPOPで、「世界で最も不快だと言われる日本の夏がやってきますね。」などと、「わかってるよ！」と言いたくなるような時候の挨拶で始まるコピーを見かけます。滑らかな導入を意図していることはわかりますが、一切不要です。紋切型の陳腐な表現には、忙しい読み手を立ち止まらせる力もないからです。

広告の文章の基本要素は３Ｐ１Ｒだと言われます。商品（product）・利点（profit）・約束（promise）・結果（response）がそれです。この中に時候の挨拶が混ざり込む余地はありません。

安易な「共感形成」はケガのもと

時候の挨拶によく似た導入部に共感形成があります。「……ですよね？」と共感を求めて、コピーの核心に入るパターンです。これも気をつけなければ、紋切型になります。「犬が西向きゃ尾は東」の類いです。

とくに若い人がシニア世代を狙った場合にやってしまいがちです。

例えば、「京都のお寺めぐり。夕方になると足がくたくたですね。」といった共感形成は「当たり前でしょ！」と反発されるだけです。

これが「京都のお寺めぐり。ブーツの脱ぎ履きが重なると煩わしいですね。」だと相手の気持ちに一歩踏み込めます。

つまり、「誰もがそう思うようなわかりきったことは言わない」ということです。

▶▶▶ COPY AND DESIGN

公式17 見出しの構造を複雑にしない。多くても3つまで

装飾が過剰で、全体が見づらくなっている

余白のあるデザインも読みやすいポイント

限られた紙面に「リフォーム」という言葉が6回も使われ、煩雑な印象

階層構造がシンプルに整理されている

言葉の重複が少なく、ムダのないコピーになっている

POINT

言葉の過剰な重複は避けよう。重複は3回が限度

見出しが多ければ良いわけではない

　構造をいかにシンプルにできるかが肝心です。「階層構造は多くても3つまで」を1つのルールにしましょう。ちなみに本書は、章・項（見開き単位）・小見出しの3つの階層でほとんどの頁を成り立たせています。構造を単純にすれば、情報の塊を咀嚼しやすくなります。同じ構造を続けることで、理解を促すリズムも生まれます。

　階層が1つ増えるだけで紙面が煩雑になり、見づらくなります。見出しが増えれば、同じ言葉を重複して使う場合も増え、煩わしくなります。タイトル・大見出し・中見出し・小見出しという4階層構造がカタログなどではよく見受けられます。編集企画の段階で単純化を充分に検討することが必要です。

抽象的になるなら、省いても良い「リード文」

　1枚もののチラシなどでは、構造の単純化はさらに重要なポイントになります。チラシの多くは集客目的です。そのため、主役の商品やサービスはもちろん、場所・日時・イベント・記念品などと、さまざまな要素を詰め込むことになります。

　その結果、異なる情報要素ごとの差別化を図るために、色を多用する、文字を装飾する、罫や囲みなど「約物」の手を借りることになります。そうなれば紙面は見づらくなります。何が言いたいのか、全くわからないような紙面になってしまうでしょう。

　それを防ぐには、まず、白地ベースの色彩計画を立てることです。そして見出しの階層を3つまでにして編集構造を組み立てましょう。

　往々にして、抽象的な表現になりがちなリード文を思い切って省くことも一法です。

2章　シニアの心理でコピーをつくる

▶▶▶ COPY AND DESIGN

公式 18 「かぎかっこ」つきの言葉で共感を誘う

課題の解決結果が抽象的で、個人の感想に留まり、実体が目に見えてこない

こんなに気持ちよく眠れるなんて、ウソみたい

頭をのせると、眠る気がなくても眠ってしまいます

課題の解決結果が現実的で、目に見える。描写が具体的で、説得力がある

POINT

消費者の肉声の収集を普段から心がけて販促物のコピーに活かそう

話し言葉で共感を得る

　話し言葉や会話を用いたコピー表現は、読み手に伝わりやすい型の1つです。日常的な交流手段である会話に、人は親しみを感じ、その内容に興味を抱きます。とくにシニア世代の場合、加齢現象は共通の悩みとして「自分ゴト」化しやすく、コピーに共感が生まれます。

　「人の名前が出てこない……。これって、私だけ？」
　「大ピンチ！！　去年の服が着られない！」などです。

　また、解決した喜びも会話体で表現することが可能です。
　「頭をのせると、眠る気がなくても眠ってしまいます」といったコピーが好例と言えるでしょう。

成否のカギは、「どこまで具体的に描写できているか？」

　何にでも「かぎかっこ」をつけて話しているように見せれば良いというわけではありません。内容が抽象的で、納得すべき事実がなければ、読み手にそっぽを向かれかねないからです。例えば、

　「こんなに気持ちよく眠れるなんて、ウソみたい」

　というコピーはどうでしょうか？　解決された課題が個人の感想に終始し、実体を伴っていません。せっかくの「かぎかっこ」を上手に活かしきれていない残念な例と言えます。上記に引用した、「頭をのせると、眠る気がなくても眠ってしまいます」のコピーと比べてみれば、手応えの違いがわかります。

▶▶▶ COPY AND DESIGN

公式19 見出しは最後に書く

| 決して間違いではないが、総論的で興味をそそる内容にはなっていない | 具体的な数字があり、興味がそそられる。光る部分を本文から抽出している |

BAD

タンパク質の1つ、
コラーゲン。
その重要性とは?

コラーゲンは皮膚や関節、血管などを構成するタンパク質の1つ。体内全タンパク質の1/3を占めています。真皮層ではなんと70%も。しかしコラーゲンは年齢とともに減少し、60歳では20歳時の50%にまで減ってしまいます。

▶

GOOD

ご存じですか?
60歳のコラーゲンは
20歳のときの半分!

コラーゲンは皮膚や関節、血管などを構成するタンパク質の1つ。体内全タンパク質の1/3を占めています。真皮層ではなんと70%も。しかしコラーゲンは年齢とともに減少し、60歳では20歳時の50%にまで減ってしまいます。

POINT

見出しが当たり前の内容になっていないか
チェックを怠らないようにしよう

見出しでは興味をそそるか、新しい情報を伝える

「見出し（とくに大見出し）は、広告をつくるときに一番時間を割き、真剣に考えなければならない。良い見出しとは、相手の興味を強くそそるか、新しい情報を伝えるか、そのどちらかだ。」これは、公式11で紹介した20世紀三大広告人と称えられているジョン・ケープルズ氏の言葉です。

しかし、実際に世に出回っている見出しの多くは、「相手の興味を強くそそる」ものでもなければ、「新しい情報を伝える」にしても印象に残るものが少ないのが現状です。それはなぜでしょう？

その答えの1つは、コピーを書く手順にあります。

本文からキラッと光る部分を抽出する

多くの人は、見出しを先に書いて、その後に本文を書き進めます。間違いとは言えませんが、本文の内容を概括し、総合化しようとして抽象の階段を上ってしまう危険性が潜んでいます。その結果、当たり前の見出しを生み、読み手の注意を引きつけないものになってしまうのです。

まず、本文をひと通り書き上げてから、その中の光る部分を取り上げて見出しにすることを試みてください。広告の見出しは、続く本文のダイジェストではありません。キラッと光る「部分」を抽出することこそ大切です。

左頁のGOOD例では「60歳のコラーゲンは20歳の半分」という衝撃的な事実が見出しになっています。「興味をそそる」、「新しい情報を伝える」という両方の目的に適っています。ここがつまり、「光る部分」です。

COLUMN

通販カタログに学ぶ
シニア向けコピーの実例

> 遠い名所にも足を延ばせる！
> お寺巡りでの脱ぎ履きもラク。
>
> 多くの名所を巡りたい欲張りな旅にぴったりの健脚な一足。ソフトな羊革と伸縮するゴムひもデザインで適度なフィット感を実現。蹴り出しやすい形状のソールで、長時間歩行も快適です。

　上の広告コピーは、シニア向けの通販カタログから採集したものです。商品は女性用ブーツです。使用シーンが鮮やかに浮かび上がってきませんか？　旅行好きのシニア女性の心をつかんで離さないコピーでしょう。「お寺巡りでの脱ぎ履き」だけで京都や奈良の風景が思い出されます。イメージの喚起力が実に強いのです。

　とはいっても、大半は誠実に商品特長を語っています。6行のコピーのほとんどが、商品の特長という「ファクト」で占められ、イメージ頼りの空疎な部分がないことも学ぶべきポイントの1つです。

　ぜひ参考にしてみてください。

出所：「ずっと、ときめくカタログ。」（ディノス）
URL　https://www.dinos.co.jp/tokimeku_s/

3章

シニアの目で
デザインする

▶▶▶ COPY AND DESIGN

 コピーを四角いブロックに押し込まない

文字が四角にぎっしりと組まれて隙間がなく、とても読みづらい。目が休まることがない

箇条書きでわかりやすくする

1行の終わりは意味のある文節で収める

○○温泉の宿泊施設はにぎやかな町並みから外れた木々に囲まれた場所に点在していて、湯量が豊富で広い範囲で湯が湧くため、旅館が1か所に集積する必要が少なかったことから一軒一軒の敷地も比較的広く、町の造りはゆったりとしている

温泉街 MAP

● ○○温泉の宿泊施設は にぎやかな町並みから外れたところにある。木々に囲まれた場所に点在し、湯量が豊富

● 広い範囲で湯が湧くため、それぞれの旅館の敷地も比較的広く、町の造りはゆったりとしている

段落と段落の間が1行あいていてわかりやすい

段落の終わりの行に余白があり、目にやさしく、読みやすい

1行20文字前後。視野幅を考えるとこの程度が理想

 POINT

長い文章は適度に区切って、余白を生む工夫をしよう

読めない！
ぎっしり詰まった「文字の塊」

　隙間のない文字組みは、一見とても洗練されているようですが、非常に読みづらいと思いませんか？

　4～5行ならまだしも、7行も8行も続けば、シニアは途中で理解できなくなり、読むことさえ放棄してしまうかもしれません。

　焦点が合いにくくなる、視野が狭くなるといった加齢による目の変化、情報処理速度が遅くなるといった脳の変化から、密度の濃い情報量に拒否反応を示すことが多くなります。

余白、意味のまとまりを大切にする

　拒否反応を起こさせないためには、脳や目に余白という休息を設けてあげることです。その方法をいくつか紹介します。

- **段落と段落の間は1行あける**
  意味のまとまりが小分けされていると読みやすく、理解も早まります。
- **改行するときは、目一杯まで書かない**
  ほんの少しの余白でも、目にやさしく読みやすい文字組みになります。
- **1行は意味のある「文節」で改行する**
  行をまたいで意味を把握するには、時間がかかります。
- **文頭に「●」を置いたり、箇条書きにしたりする**
  整理されているので、全体の内容を把握しやすくなります。

▶▶▶ COPY AND DESIGN

公式21 イメージイラストよりも図表やチャートで、信頼度UP

中高年ほど、
代謝の低下に要注意！

バランスの良い食事を！
　　　　　○○食事宅配サービス

中高年ほど、
代謝の低下に要注意！

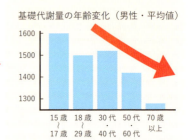

バランスの良い食事を！
　　　　　○○食事宅配サービス

> イメージイラストは、一見親しみやすいが、ファクトが欠けてしまう

> グラフや図表にはファクトが豊富で説得力がある

POINT

イラストよりも、情報を盛り込み、信頼性を高めよう

おざなりのイラストは信頼性を下げる

　人生経験が豊富なシニア世代は、モノの良しあしについて、確かな情報をもとに的確な判断を下します。多くの方が仕事や日常生活の中で、論理的な判断をする習慣を身につけているからです。

　スペースを埋めるだけのお飾りイラスト、文章に書いてあることをなぞっただけのおざなりな吹き出しなど、「事実」や「情報」の伴っていない画像は、稚拙だと思われ、商品の信頼性まで疑われかねません。

　意味のないイラストを無理やり押し込むのなら、白地として残しておくほうが、読み手の目や脳に対して親切です。

図表やグラフを
いかに親しみやすくするかが課題

　近年、各社がこぞって力を入れているのが実験結果や調査結果などの図表です。図表には事実という重みがあります。

　懐疑的な人が多い現代でも数字やグラフは、充分に信頼性を保証するものとして、受け入れられます。

　ただ単に図やグラフにするのではなく、デザイン性が高く、見るべきところを上手に示す手法（インフォグラフィック）が活用されています。事実や数字を堅苦しくなく、いかに親しみやすく表現し直すかという情報発信者の力が試されています。

▶▶▶ COPY AND DESIGN

公式22 「明度差4ルール」でコントラストに配慮する

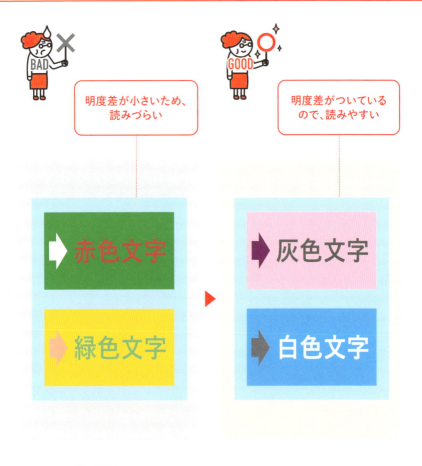

明度差が小さいため、読みづらい

明度差がついているので、読みやすい

POINT

明度差4以上のコントラストを確保すれば全世代に判別しやすい

鮮やかさと明るさに配慮する

　年を重ねると、若いときには鮮やかに感じられた色が、そう感じられないことがあります。目に入る光が黄みを帯びてくるため全体に色褪せて見えるようになるからです。多くの方の見え方に配慮するなら、鮮やかな色を使用する色彩計画が必要になります。
　さらに、加齢とともにコントラストに対する感度も低下します。色の明るさで差をつけること（コントラスト）が、とても重要です。

最も読みやすい、白地に黒100％のタッグ

　コントラストは通常、明度差という尺度で表されますが、明度差は4以上を確保することが望ましいと言われています。
　明度差が最も大きいのが、白地に黒100％の組み合わせです。明快に伝えるべきメッセージに使われる、最もパワーのある色の組み合わせになります。
　商品名や商品の価格など必ず読んでほしいメッセージや、SMLのサイズ表示など判断の手がかりになる表示には白地に濃い文字100％の組み合わせを推奨します。
　カラーであれば、色相の力で判別が可能ですが、モノクロにするとほとんど判別不可能になります。
　明度差4はCMYKを用いる印刷媒体の場合です。RGBで色を表現するWEBでは、明度差は異なる計算式で求めます。その際の推奨基準は一般に125以上と言われています。

3章　シニアの目でデザインする

▶▶▶ COPY AND DESIGN

公式23 色から連想されるイメージを活用する

常識的概念から逸脱した色使いは、混乱を招く

JIS規格等で推奨されている色の意味に準拠すれば、混乱を招くことはない

POINT

JIS（日本工業規格）安全色彩の表示色と意味を確認しよう

色	意味	色	意味
赤	防火、禁止、停止、高度の危険	青	指示、用心
橙	危険、航海の保安施設	赤紫	放射能
黄	注意	白	通路の区画線、整頓、対比色
緑	安全、避難、衛生、救護、進行	黒	文字、記号、矢印

色の持つ固有のイメージを尊重する

　色にはそれぞれの色が持つイメージがあります。抽象的連想と言い換えてもいいでしょう。
　赤なら、「情熱・元気・興奮・怒り・血液・禁止・強烈」、緑なら、「新鮮・若さ・自然・平和・安全・健康」といった、私たちの脳内にかなり深く刻まれた色の印象です。
　このような色が持つ一般的なイメージを踏襲したデザインは、とくにシニアには効果的です。長い生活経験の中ですでに動かしがたい常識になっているからです。このイメージを無視すると、誤認などが生じます。JIS（日本工業規格）は、表示色とその意味のガイドラインを定めています。法律ではありませんので、遵守義務はありませんが、色彩計画を考えるうえでの物差しになるでしょう。

男女間で印象の異なる色もある

　同じ色でも、男女で受け取り方の違う色があるので、要注意です。例えば黒は、老年男性の「生命・厳粛」に対し、老年女性は「陰気・冷淡」という抽象的連想が働きがちになります。また青は、男性の持つ「冷淡・薄情」に対し、女性は「平静・悠久」という印象を受ける傾向があります。
　男女で、印象が相反する色使いに配慮することも必要になります。

（参考：南涼子『介護に役立つ色彩活用術』現代書林）

▶▶▶ COPY AND DESIGN

 公式 24 明度の差が小さい「黒と青」の組み合わせはNG

明度の差が小さい「黒と青」の組み合わせは、明度が近いと識別しにくい

同色の系統でも明度差を確保することで格段に識別しやすくなる

POINT
同じ系統の色では、明度差を高くする

60歳では20歳の２倍の明るさが必要

　年を重ねると、暗いところで、モノや色が見えにくくなります。水晶体の白濁が進行する（白内障）のに加え、虹彩が充分に広がらず、瞳孔が大きく広がりません。その結果入射光が少なくなるからです。60歳では20歳の２倍以上の明るさが必要とも言われます。

　かといって、むやみに照明を明るくすると、今度は水晶体の濁りに光が水晶体の中で乱反射して眩しさを感じてしまいます。

　総じてシニア世代は、若い世代より暗い環境でモノや色を見ていると考えるとわかりやすいでしょう。

暗く感じられる「青系」の色

　シニア世代に限らず、暗い環境では細かい色を見分けることが、より困難になります。とくに、黄色と青に対しての感度が低下します。チラシやPOPなどでは、同じ黄色と青でも彩度の高い色を用いるようにしましょう。

　人は、赤系の色を明るく感じる一方、青系の色を暗く感じる傾向があります。色味で言えば、赤系の色はグレーや青に比べて明るく感じられ、逆に青系は相対的に暗く感じられる傾向があります。

　「黒と青」といった色の組み合わせでは、明度の比較的近い色同士の配色を避けましょう。黒の明度は下げ、逆に青の明度を上げるようにすれば、より識別しやすい配色になります。

　自身が鮮やかに感じる色で配色を決めないように、考えましょう。

▶▶▶ COPY AND DESIGN

公式25 文字を大きくするよりも、行間と余白を優先する

Q. 牛乳はいつ飲むのが良いの？

A. 牛乳には、筋肉の回復を助ける成分と、眠りにつきやすくするホルモンをつくる成分が入っているため、運動時と睡眠前に飲むのがおすすめです

行間が狭いため複数行に目が行きやすくなり、1つの行を追い続けて読むことが難しくなる

▶

Q. 牛乳はいつ飲むのが良いの？

A. 牛乳には、筋肉の回復を助ける成分と、眠りにつきやすくするホルモンをつくる成分が入っているため、運動時と睡眠前に飲むのがおすすめです

読みやすい行間の目安は
文字サイズの
1.5倍〜1.75倍

POINT

行間は最低でも文字の高さの50%に保とう。
70%あれば、全世代に見やすい行間になる

行間の「50%・70%ルール」

　書ける面積が同じなら、文字を大きくするよりも、行間と字間に余裕を持たせたほうが読みやすくなります。とくに行間は重要です。

　50〜60代を対象とした凸版印刷による調査※では、見やすさの重要度の第1位には「文字の大きさ」が、第2位には「行間隔」が選ばれました。

　一般的に確保すべき行間の最低基準は、文字の高さの50%です。さらにゆとりを持って70%の行間を確保できれば、シニア世代にとっても読み進めやすい文字組みになります。

●行間の最低基準は文字の高さの50%

100
50
**消費者としてのシニア像を
浮き彫りにしよう、という試み**

●推奨する行間は文字の高さの70%

100
70
**消費者としてのシニア像を
浮き彫りにしよう、という試み**

文字と他の要素の間の余白にも留意

　相互の関連性がわかるように、文字と他の要素は近接させるのが原則ですが、それでも、ぎりぎりまで密着させるのはNG。例えば、図や写真とそれに加える説明文（キャプション）などには、ある一定の余白が必要です。

　行間同様、文字の高さの50〜70%は確保するようにすべきでしょう。

※　コンジョイント分析を用いた、書体等の各要素の寄与度の調査
　　URL：https://www.toppan.co.jp/csr/consumers/ud.html

▶▶▶ COPY AND DESIGN

公式26 チラシのレイアウトはコラムレイアウトを活用

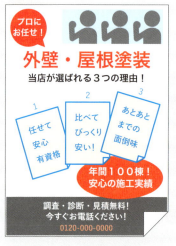

フリーレイアウトは一見楽しそうに見えるが、どこから読めばいいのか、読み手に不親切なケースも多い

コラムレイアウトなら、紙面に秩序が生まれ、重要なところがわかる

POINT

紙面のレイアウトのルールを決めよう

一定のルールに則ったレイアウトが読みやすい

　基本的な文字組みに一定のルールを設けてレイアウトする方法がコラムレイアウトです。新聞・雑誌・書籍はそのほとんどがコラムレイアウトを採用しています（モジュールレイアウトとも言います。モジュールは、建築用語で基準寸法を意味します）。

　チラシではルールがなく、自由にグラフィックをつくるフリーレイアウトが多く見られますが、メッセージを正しく、わかりやすく伝えるためにも、コラムレイアウトの手法を取り入れることが望ましいでしょう。

コラムレイアウトの3大ルール

　コラムレイアウトであらかじめ決めておくことは、次の3つです。

①横組みか縦組みか？　1ページの段数（コラム数）と段間
②1コラムの組み幅（1字の大きさ×1行の文字数）、書体、行間
③版面（文字の印刷範囲）。逆に言えば、上下左右の余白の範囲

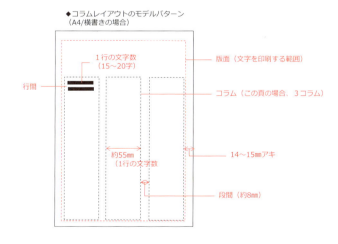

◆コラムレイアウトのモデルパターン
（A4/横書きの場合）

▶▶▶ COPY AND DESIGN

白文字と色つき背景には「70%・15%ルール」で可読性を重視する

文字色と背景色との
コントラストが弱いため、読みづらい

白の背景に青文字でコントラストが
強く、コピーが読みやすい

POINT

色つき背景には、黒文字を使おう

白文字の70%ルール、色つき背景の15%ルール

商品やブランドなどのイメージに合わせて、白文字や色をつけた背景を使うこともあります。その場合は、一定のルールを守ることで、読みづらさを回避できます。

①文字を白抜きにする場合

文字と背景のコントラストを確保するために、背景色には充分な濃度があることが必要です。

一般的には、背景色の濃さが70％以上なら、白文字にしても問題ありません。3色（RGB）や4色（CMYK）で色の掛け合わせが％（パーセント）で表示されている場合は、背景をグレースケールに変換して、適切かどうかを検証してください。書体はゴシック系の太文字を使うと見やすいでしょう。

PowerPointやWordで作成する場合、六角形に配置されている標準色の外側から2列目までは、白抜き文字にして差し支えないでしょう。

▼六角形に配置された標準色

②色つきの背景に文字を乗せる場合

背景の色は、グレースケールで15％以内に収めないと、明度差が不足してしまいます。文字色は必ず、黒100％にしましょう。たとえ背景が白地でも、文字は濃い青など、黒100％に近い色が無難です。

複数の情報を1枚の中で消化するチラシなどでは、見出しの差別化のために、白抜き文字や、色つき背景で処理することも多いですが、あくまで可読性を優先してください。

▶▶▶ COPY AND DESIGN

写真に文字を乗せることは避ける

写真のエリアとテキストのエリアが混在している。読みづらさと、情報の重なりによる混乱を招く

写真のエリアとテキストのエリアが峻別されている

POINT

写真に文字を重ねることは、情報を重ねていることと同じ。商品・サービスの魅力を伝えるためには、避けたほうが良い

写真に文字を重ねてはいけない2つの理由

写真に文字を乗せてはならない理由は2つあります。

①読めない、見えない、わからない

1つは、純粋に読めない、わからないからです。写真にはグラデーションがかかっていて色調が複雑に変化しています。比較的、単調な部分を選んでも、写真に乗るひと文字、ひと文字のコントラストは異なるわけです。加齢による目の疲れやすさや、ちらつき、カスミ目を考えるとおすすめできません。

②情報が錯綜し、混乱する、文意が受け取れない

文字も写真も「情報」という意味では同じです。つまり、写真に乗った文字は、情報の上に情報が乗っているということです。とくに、年を重ねるほど脳内の情報処理速度が落ちるため、理解しづらくなってしまいます。

どうしても写真に文字を乗せたいときは……

海や空、砂浜など、淡く単調な背景なら、背景の色に応じて処理することは可能です（94〜95頁参照）。

写真の中に白い背景を敷いてその上に文字を乗せることも可能ですが、その場合は、デザインの妨げにならないかを十分検証することが必要です。

▶▶▶ COPY AND DESIGN

公式29 余白を生む「70％・50％ルール」

やや図版率が高く、煩わしい

適切な図版率で、読みやすく収められている

図版率：約 59.9%

▶

図版率：約 42.4%

POINT

余白を多めに取り、図版率を抑えることを意識しよう

版面率を低めに設定し、見やすさを保とう

　全体における文字や図版のバランスを知るための指標に「版面率」「図版率」があります。

　版面率とは頁全体に対して、文字や図表（版面）が占める割合のことです。つまり、紙面に占める余白を除いた面積の割合で、70〜80％が一般的です。版面率が高いと余白が少なく情報がぎっしり詰まった印象になって、紙面もにぎやかになります。新聞や家電量販店のチラシが代表的です。反対に、版面率が低いと余白が目立ち、高級感や知性を感じさせます。高級家具や住宅のチラシには、版面率の低いものが目立ちます。

図版率を低く抑える傾向になってきた

　図版率とは、全体に対する図版の割合を意味します。図版とは、画像・図表・チャートなど、文字以外の要素の総称のことです。

　一般に図版率50〜70％前後が好感を持って受け入れられると言われています。シニア世代を意識するなら、図版率は50％を下回るほうがよりわかりやすくなります。ちなみに左頁のGOOD例のチラシの図版率は、約42％です。この程度のバランスでも好ましいと言えるでしょう。

　とくに昨今のシニア向け媒体は、図版率が42％以下のことも多く、おおむね20〜40％が多くなっています。余白を潤沢に確保して、テキストでしっかり語るという傾向が定着してきているのです。

▶▶▶ COPY AND DESIGN

公式30 本文の文字サイズは12ポイント以上が見やすい

8ポイントでは、シニアには読めない。小見出しのジャンプ率は16ポイントと2倍だが、少しおとなしい。

シニア向けの文字の大きさは最低でも12ポイントは確保したい。その2.5倍近くの小見出しならジャンプ率も妥当

16ポイント

豪雨も平気

8ポイント

豪雨にも強いゴム長靴をおしゃれにはけるジョッキーブーツ風に仕立てました。雨が止んでも素敵に歩けます。

▶

28ポイント

豪雨も平気

12ポイント

豪雨にも強いゴム長靴をおしゃれにはけるジョッキーブーツ風に仕立てました。雨が止んでも素敵に歩けます。

POINT

見出しは、本文の約2.5倍〜3倍のサイズにしよう

文字サイズの最低基準、12ポイントは確保する

シニア世代への見やすさ、読みやすさの尺度として、真っ先に上げられるのは、文字の大きさです。

大きければ大きいほど良いというわけではなく、一般的には、本文が8〜10ポイントで、シニア世代には12ポイントが、守るべき最低基準だと言われます。

本文とタイトルの文字サイズの比率をジャンプ率と言います。ジャンプ率を高くすると、躍動的に見えますし、何よりも目を引きます。その反面、大衆的で安っぽいというイメージに近くなるというデメリットもあります。ジャンプ率を低くすると、高級感や落ち着きを演出できますが、インパクトに欠けるという弱点があります。

本文を1とすると、小見出し2〜3、大見出し4〜5ぐらいのポイント数が目安になります。

14ポイントを標準にする動き

近年、市役所など行政から、高齢者や目の不自由な人に配慮した文字の大きさの目安が提示されるようになりました。

例えば大阪府堺市では、できるだけ12ポイント以上で印刷物を作成するように提案しています。同時に「より見やすい文章をつくるため、とくに高齢者向けの印刷物を作成するときは、14ポイント以上で作成することが望ましい（A4の場合）」としています（『わかりやすい印刷物のつくり方』堺市発行）。

ただし、同じ情報量だと文字が大きいほど、字面の面積も大きくなります。要点を絞り込んだ簡潔な文章で伝える技術が、世代を問わず、必要とされてくるでしょう。

▶▶▶ COPY AND DESIGN

公式31 購入意欲を高める「写真＋キャプション」

クルマ・道路・人など、写真の情報量が多く、この写真から何を伝えたいのかがわからない

写真の情報を文字で繰り返すのは、煩雑になるだけ

✓ キャプションをつけない場合

✓ 写真を見ればわかることをキャプションで繰り返している場合

クルマのすぐ後ろを横切っています

✓ キャプションをつけた場合

これからますます増える認知症のシニア。
IT技術を活かした取り組みの結果を注視したい

一文目で、写真の中からどの情報を選択すべきか「示唆」している。二文目では、写真をもとにした、補足情報を入れている

POINT

写真を入れたら、その説明と補足情報を入れよう

最初に飛び込んでくるのが、写真とキャプション

　写真や画像に添えている説明文（キャプション）は、単なる添え物ではなく、非常に大切な役割を果たしています。紙面を見るときに最初に目に飛び込んでくるのが、キャッチコピーと同様に写真や画像だからです。チラシやＤＭでは、その写真や画像の力を最大限に発揮させるのがキャプションなのです。

　写真や画像に意味がなければ、購入意欲を高めることはできません。読み手の頭の中に「？」という疑問符が残ったままになるからです。

　この重要性に着目し、「写真＋キャプション」を編集の基本構造にし、読み手の次の行動に結びつける必要があるのです。

キャプションの役割は「示唆」と「補足」

　キャプションを書く際に留意すべき点が２つあります。

①写真から何を読み取るべきかを示唆してあげること

　写真は文字とは比較にならないほど、情報量の多いメディアです。そのため、読み手は写真からどの情報を選び出せばいいのか悩んでしまいます。キャプションには、発信側の意図を正しく伝えるとともに、読み手の負担を軽くしてあげるという役割があるのです。

②写真だけでは言い足りないことを補足してあげること

　もちろん、写真を見てわかることを繰り返しても意味がありません。写真をきっかけに読み手にとって（書き手にとっても）有用な情報を付け加えるようにしましょう。

▶▶▶ COPY AND DESIGN

文字組みは慣れ親しんだ縦組みに

横書きが絶対にダメというわけではないが、首の動き、視野、慣れといった面から、なじみづらい

縦書きのほうが、より自然に文意を追える長所もある

POINT

できるだけ、縦書きを取り入れよう

新聞、小説……。
文字組みの基本は縦書き

　新聞、雑誌、小説・短歌・俳句などの文学作品は、すべて縦組みの文字列です。横書きのWEBサイトよりも、紙媒体に接してきた時間がはるかに長いシニア世代は縦書きに慣れ親しんでいます。

　もっとも、横書きが悪いということではありません。可能な場合には、縦書きを優先的に選択肢に加えようということです。

脳機能計測実験でわかった！
「45歳以上には縦書き！」

　縦書きの効用はもっぱら、文化的、経験的側面から語られることがほとんどでした。ところが、2016年、トッパン・フォームズ株式会社による脳機能計測実験により興味深い結果が得られました。

　年配層は「縦書きのほうが高い関心を持つ」傾向があることが確認されたのです。

　年配層は、文字を読んでいるときは、前頭葉の活動が活発化して、情報（とくに文字情報）に関心が向けられていると、同社では結論づけています。また、縦書きの文字情報は、45歳以上の年配者には、「読みやすさと、内容を理解しようとして関心を引き出す」効果があるとも言っています。

　もっとも、PCを念頭に置いたビジネス文書や数式など言語以外の記号を用いることの多い論文では、横書きが適していると言えます。

▶▶▶ COPY AND DESIGN

公式33 白地を活かして、言いたいことを目立たせる

全面に色が敷かれると、圧迫感が強く、目がちらちらする。メッセージを受け取ろうという気持ちになれない

白地に濃い色の文字は、目にもやさしく、メッセージも読み取りやすい

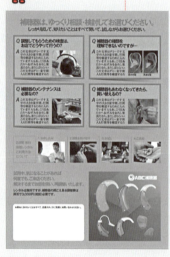

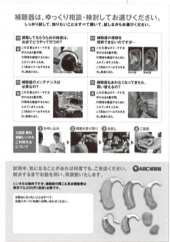

POINT

白地を上手く活用して、言いたいことを目立たせよう

デザインすることが
チラシのゴールではない

　左頁の2種類のチラシ。要素はほぼ同じで、グラフィックデザインだけを変えて、筆者が所属する研究室が試験的に作成したものです。シニアにとって、どちらが目にやさしく、読みやすいチラシでしょうか？

　左のパターンBADの紙面には白地がほとんどありません。色彩豊かで、にぎやかな紙面ではありますが、肝心のテキストが色や写真の中に埋もれて、目に飛び込んできません。にぎやかすぎて、目が休まらないのです。

　一方、右のパターンGOODの紙面はどうでしょう？　このチラシは、テキストを読んでもらうことに主眼を置いた紙面になっています。そのため、テキストの周囲に充分な白地を設けて、メッセージを読み取りやすくしています。

増えてきた！
「白地を上手く用いた」読ませる広告

　以前のチラシには、シニア向けでもBAD例のような「総天然色」型が、多く見られました。ところが最近では、大手健康食品メーカー、製薬会社などで、白地を有効に用いた新聞広告や折込チラシを多く見受けます。

　ぜひみなさんも新聞紙面、折込チラシを注意深く観察してみてください。どの世代に何を売ろうとしているのかという世の中のニーズや、流行の書体やデザインの様式も見えてきます。

3章　▼▼▼　シニアの目でデザインする

▶▶▶ COPY AND DESIGN

公式34 文字の装飾はできるだけ避けること

文字に過度な装飾をほどこすと、画像としての印象が強くなり、メッセージとして伝わりにくくなる

✓ ドロップシャドウ

自分らしいコーディネートを見つける。

✓ 光彩

自分らしいコーディネートを見つける。

✓ 袋文字

自分らしいコーディネートを見つける。

自分らしいコーディネートを見つける。

余分な装飾のないシンプルな文字を用いることで、読みやすくなり、メッセージ性も高まる

POINT

文字の装飾で読みづらくなっていないかチェックしよう

その文字、飾りですか？
メッセージですか？

　デザインに凝るあまり、文字まで過剰にデザインすることはありませんか？　メッセージを「伝える」という観点からすれば、実は避けておきたいことなのです。文字を装飾することで、メッセージ性が失われます。とくに高齢者は意匠として捉える傾向が強く、情報として捉えにくくなります。

使用を控えたい、特殊効果や袋文字

　可読性という点からも、特殊効果の文字の使用は避けるほうが賢明です。例えば、文字に影をつけるドロップシャドウという効果があります。ソフトな印象になることもあり、しばしば見かけます。しかし、文字の輪郭があいまいになるという副産物も発生します。

　ただでさえ、文字がかすんだり、焦点を合わせづらいなど、加齢による目の変化が起きるシニアにとってはNGです。メッセージとして伝えたいなら、使わないほうが良いでしょう。ドロップシャドウを反転させた特殊効果の「光彩」も同様です。

　「袋文字」もよく見受けられる特殊効果ですが、一般の文字列より煩雑になり、可読性が低下してしまいます。

　装飾文字は、インパクトが強く、注目を集めやすいというメリットもあります。

　しかし、それだけに、別の装飾文字と併用すればその効果は失われてしまいます。

　やむを得ず使用する際は、A4チラシで1か所に留めましょう。

▶▶▶ COPY AND DESIGN

公式35 小さな文字はUD書体で。明朝体はNG

小さな文字を明朝体で組むと横線がつぶれ気味になり、読みにくい

小さな文字でもUD書体やゴシック体を用いれば線もつぶれず、読みやすい

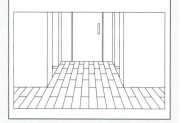

リュウミンR

お好みの床やドアを選んで、どのように組み合わせるかは、オリジナリティのある空間づくりには、欠かせないポイント。

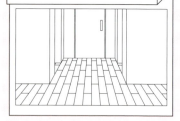

小塚ゴシックR

お好みの床やドアを選んで、どのように組み合わせるかは、オリジナリティのある空間づくりには、欠かせないポイント。

中ゴシックBBB

お好みの床やドアを選んで、どのように組み合わせるかは、オリジナリティのある空間づくりには、欠かせないポイント。

POINT

本文などの小さな文字には、明朝体ではなく、UD書体やゴシック体を使おう

その文字、飾りですか？
メッセージですか？

　デザインに凝るあまり、文字まで過剰にデザインすることはありませんか？　メッセージを「伝える」という観点からすれば、実は避けておきたいことなのです。文字を装飾することで、メッセージ性が失われます。とくに高齢者は意匠として捉える傾向が強く、情報として捉えにくくなります。

使用を控えたい、特殊効果や袋文字

　可読性という点からも、特殊効果の文字の使用は避けるほうが賢明です。例えば、文字に影をつけるドロップシャドウという効果があります。ソフトな印象になることもあり、しばしば見かけます。しかし、文字の輪郭があいまいになるという副産物も発生します。

　ただでさえ、文字がかすんだり、焦点を合わせづらいなど、加齢による目の変化が起きるシニアにとってはNGです。メッセージとして伝えたいなら、使わないほうが良いでしょう。ドロップシャドウを反転させた特殊効果の「光彩」も同様です。

　「袋文字」もよく見受けられる特殊効果ですが、一般の文字列より煩雑になり、可読性が低下してしまいます。

　装飾文字は、インパクトが強く、注目を集めやすいというメリットもあります。

　しかし、それだけに、別の装飾文字と併用すればその効果は失われてしまいます。

　やむを得ず使用する際は、A4チラシで1か所に留めましょう。

3章　▼▼▼　シニアの目でデザインする

▶▶▶ COPY AND DESIGN

公式35 小さな文字はUD書体で。明朝体はNG

小さな文字を明朝体で組むと
横線がつぶれ気味になり、
読みにくい

小さな文字でもUD書体や
ゴシック体を用いれば
線もつぶれず、読みやすい

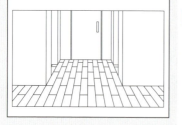

リュウミンR

お好みの床やドアを選んで、どのように組み合わせるかは、オリジナリティのある空間づくりには、欠かせないポイント。

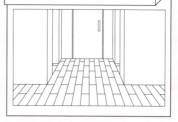

小塚ゴシックR

お好みの床やドアを選んで、どのように組み合わせるかは、オリジナリティのある空間づくりには、欠かせないポイント。

中ゴシックBBB

お好みの床やドアを選んで、どのように組み合わせるかは、オリジナリティのある空間づくりには、欠かせないポイント。

POINT

本文などの小さな文字には、明朝体ではなく、
UD書体やゴシック体を使おう

読みやすさに配慮したUD書体がおすすめ

　パソコンを使ってチラシなどをつくる際、書体にどの程度配慮されているでしょうか？　不用意に選ぶと、線が消えたり、字がつぶれたりすることもあるので、注意が必要です。
　「線の太い部分や、交差したか所がつぶれる」、「細い部分が消える」など、シニアの不満を解消した書体が、UD書体です。
　紛らわしい画線をなくしたシンプルなデザインで、文字の内側に余白を確保することによるわかりやすさを追及し、よく似た部首や点対称の文字の差別化など、誰にでも読みやすく、わかりやすい書体です。UD書体がない場合、小塚ゴシックでも、高い可読性は保持できます。

明朝とゴシック、どう使い分ける？

　長い文章が続く場合は、明朝体が適しています。ただし、明朝体は横のラインが細く、視認性が落ちるため、8ポイント、9ポイントの小さな文字には使わないほうが無難です。
　ゴシック体は、線の太さが均一なので、シニア世代にはもちろん、全世代に読みやすい書体と言えます。ボディコピー（カタログ等の本文）やスペックなどにはゴシック系の書体を使用するようにしましょう。

▼代表的なUDフォントメーカー

【イワタ】 UDフォントの先駆者 （2006年発表）	【モリサワ】 （2009年発表）	【SCREEN】 有名なヒラギノ版 UDフォント （2009年発表）

▶▶▶ COPY AND DESIGN

公式36 過剰なデザイン処理は排除する

罫線の処理が過剰。メッセージより先に目に飛び込んで、読む邪魔になる。リボンや額縁もノイズになることが多い

初回限定キャンペーン
人気No.1
（税込）
980円!!

決して目立たないが、「分ける」という役割はしっかり果たしている罫線。装飾は可能な限り控えめに

POINT

装飾は、あくまで、文字を目立たせるための補助と考えよう

行き過ぎた装飾で
メッセージを埋没させない

　文字のレイアウトを決めたら、その文字を囲んだり、背景に色をつけたりして見やすくするデザイン処理が必要です。

　帯、罫線などシンプルなものから、装飾性の高いリボンやエンブレムなどのさまざまな装飾部品があります。デザイン処理に用いられる部品は、単なるアクセントではありません。分割する、強調するといった役割があります。紙面構成に重要な役割を担っていますが、過剰になりすぎると逆にノイズになりかねません。大切なメッセージが装飾の中に埋没してしまうからです。

　デザイン処理は可能な限り、シンプルにしましょう。

一本の罫線にも気を配る

　罫線1つにまで気を配ることは「伝わるデザイン」を考えるうえで、非常に重要です。左頁の2パターンの罫線を見てください。BADの例は、間違いではありませんが、罫線だけが妙に目立ってしまいます。罫線で囲まれた文を読む妨げになってしまいます。

　GOODの例は点線で細い控えめな罫線ですが、それぞれのコピーブロックの独立性を保ち、他と分離させるという役割は担えています。この程度の存在感で充分です。

　より装飾性を高めた飾り罫も数多く準備されていますが、使い方によっては、せっかくの余白を奪ってしまいますし、人によっては幼稚だとも受け取られかねません。

COLUMN

黒か？ それとも赤か？

A 赤黒

B 赤黒

　上のAとBの色の名前を左から音読してみてください。Bが苦もなくできるのに、Aのほうには一瞬のためらいが生じて、反応が遅れませんか？
　この現象をストループ効果と呼びます。「文字の意味」と「文字色」のように、同時に目にする2つの情報が干渉しあう現象のことで、文字の「色」と文字の「意味する色」が異なることが原因で起こります。
　色は右脳で認識して、文字は左脳で認識すると言われています。この2つは認識する速度が異なるため、反応して答えを出すのに時間がかかります。
　この現象は頻繁に見かけます。混乱を生じさせ、理解を妨げますので、注意が必要です。

4章

シニアも戸惑わない WEBデザインと構造

▶▶▶ COPY AND DESIGN

公式37 今、サイトのどこにいるのか？をわかりやすく

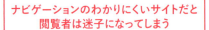
ナビゲーションのわかりにくいサイトだと閲覧者は迷子になってしまう

わかりやすいガイドによりサイト内で迷う人は少ない

ぱんくずリスト
グローバルナビ
ローカルナビ

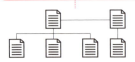
ページ数が多く、サイト内を移動しているうちにサイトのどこにいるかわからなくなる

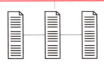
できるだけ少ないページにまとめると、迷いにくいシンプルな構造となる

POINT

閲覧者が知りたい情報にたどり着きやすいWEBサイトにしよう

サイト上に現在の居場所を示す

ひと昔前とは違い、近年のシニアは普通にPCやスマートフォンを使うようになりました。とは言っても、人には加齢による衰えがあります。人は年を重ねると短期記憶が衰え、ついさっきしたことを忘れてしまいがちです。そのため、サイト上で「迷子」になることが挙げられます。先ほどまで見ていたページに戻りたくても戻れず、諦めてブラウザを閉じてしまいます。

閲覧者を「迷子」にしないためにはWEBサイトの中で、自分が今どこにいて、どうやったら戻れるかを明示することが必要です。どのページでも表示されるグローバルナビ、パンくずリストなどで、現在の居場所をわかりやすく表示（カレント表示）しておきましょう。ページに「戻る」ボタンを置くことも有効です。

ロングスクロールのすすめ

もう1つの「迷子」対策はできるだけWEBサイトの構造をシンプルにすることです。ページをまとめることで階層を少なくし、何度もページを遷移せずに目的の情報へたどり着けるようにします。

その究極の方法が「ロングスクロール」です。その名のとおり、スクロールすることを前提につくられた縦長のコンテンツです。縦の長さには制限がないので、十分なスペースを確保できます。読みやすい大きな文字、見やすい大きな写真やイラストを使っても、情報を1ページに収めることができます。ページを渡り歩くことなく、知りたい情報にたどり着くことができます。さらに、行ったり戻ったりするのにスクロールするだけで簡単にできるので、実は閲覧者にはとても都合が良いのです。

▶▶▶ COPY AND DESIGN

公式38 「誘導ストーリー」でクリックさせる

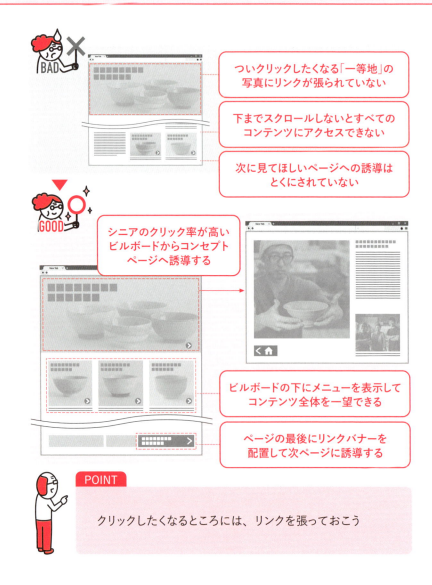

BAD
- ついクリックしたくなる「一等地」の写真にリンクが張られていない
- 下までスクロールしないとすべてのコンテンツにアクセスできない
- 次に見てほしいページへの誘導はとくにされていない

GOOD
- シニアのクリック率が高いビルボードからコンセプトページへ誘導する
- ビルボードの下にメニューを表示してコンテンツ全体を一望できる
- ページの最後にリンクバナーを配置して次ページに誘導する

POINT
クリックしたくなるところには、リンクを張っておこう

ストレスの少ない誘導方法が大切

　シニアはページの情報を丁寧に読み取ろうとします。そのため、前に見たページに戻ったり、最初からやり直したりしにくいとストレスになってしまいます。本やマンガを読み進めるようなストーリーのあるページの設計と、ストレスの少ない誘導方法が必要です。
　ロングスクロールのページがあまりに長くなる場合は途中にいくつか次のページ進むためのボタン（リンクボタン）を置くようにしましょう。そうしないとページ内を行ったり来たりしているうちに、リンクボタンが最後のページにあることを忘れたり、見失ったりする心配があるからです。リンクボタンやコンテンツバナーは閲覧者が自然と次へ導かれるように配置する必要があります。

一番上の目立つ画像には必ずリンクを

　シニアへWEBユーザビリティのインタビューを行ったところ「目立つ画像は必ずクリックしたくなる」という意見が多数を占めました。目立つ画像には必ずリンクを張り、WEBサイトのコンセプト（もっとも重要なこと）を伝えるページへ誘導しましょう。
　目立つ画像の下には次に見てほしいページを一覧にしたメニューを配置します。またページ最下部にはいつも同じバナーではなく、次に見てほしいコンテンツへ誘導するリンクバナーを置きます。その際、次のページに移る方法のナビゲーションがわかりにくくならないよう留意します。
　閲覧者のサイトをクリックした目的を邪魔しないWEBでの導線設計が重要です。

▶▶▶ COPY AND DESIGN

公式39 「戻る」手段をはっきりと示す

POINT

「戻る」「閉じる」ボタンはこまめに置こう

「1つ前に戻る」方法がわかるように

　WEBサイトに関わらず、機器の操作などでシニアが困ることの1つに、「前のページに戻れない」ことがあります。前のページに戻ってやり直したい場合を想定して、戻る方法を明記しましょう。家電製品などには大きく「戻る」と表示されたボタンのあるものが増えています。

　WEBサイトは平面的な地図を見て歩くのとは違い、ページ遷移があるため、同じページ内での移動に加え、他のページへも自由に行き来できてしまいます。直観的に戻り方がわからないと、閲覧者はストレスを感じてしまいます。

フルスクリーン画面はできるだけ避ける

　インパクトを強めるため、フルスクリーンで画面が表示されることがあります。みなさんは、閉じるためのボタンが見当たらず、困ったことはありませんか？

　フルスクリーン画面には、必ず「閉じる」や「戻る」ボタンなどを配置して、フルスクリーン画面からの脱出方法を明示しておく必要があります。

　とくにシニアはわかりにくいことは無意識に避ける傾向があり、画像などのわかりやすそうなものをクリックしがちです。そのときに突然フルスクリーン画面になるなど、予期せぬ動きが出ると操作を間違ったと思い、ブラウザを閉じてしまいます。

　そのため、例えば画像をクリックすると、いきなりその画像が拡大表示され、画面が隠れてしまう場合は「画像をクリックすると拡大表示します」というような説明があると親切です。

▶▶▶ COPY AND DESIGN

公式40 別ウィンドウは避ける

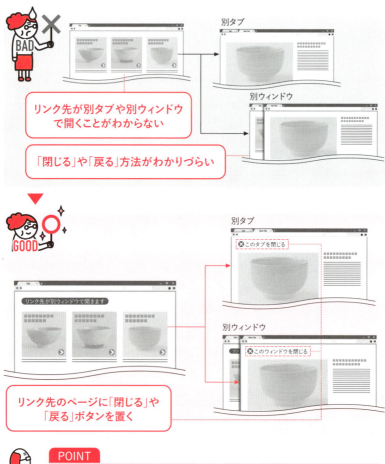

POINT

別タブや別ウィンドウが開くリンクの場合は、あらかじめ説明しておこう

複数のウィンドウが開くと混乱を招く

シニアはいくつもタブやウィンドウが開くと困惑してしまいます。短期記憶が衰えているシニアは、重なったウィンドウの下に何があるかわからなくなるためです。ウィンドウの大きさを変えるやり方や、後ろにあるウィンドウを前に移動させるやり方を知らないシニアもいます。「先ほど見たページ（ウィンドウ）をもう一度見たい」と思っても、ウィンドウを見つけることができずに諦めてブラウザを閉じてしまいます。

さらにシニアは同時に作業することが苦手です。できるだけ別ウィンドウは避けるのが無難です。万一、別ウィンドウが開いても、もとに戻りやすいナビゲーション設計にしておく必要があります。複数のウィンドウが開くことで、もとのページに戻るのが困難になります。一方通行のナビゲーションになってしまうと、シニアには負担になってしまいます。

別ウィンドウにするときは明記する

やむをえず別ウィンドウを開く場合にはその旨を明記し、閲覧者が意図せず、別ウィンドウを開いてしまわないよう配慮する必要があります。

クリックすると別のウィンドウが立ち上がる場合は、リンクボタンやバナーに「別ウィンドウが開きます」といった表記をしておくと親切です。さらに別ウィンドウや別タブで開いたページには「閉じる」や「戻る」などのボタンを置きましょう。

閲覧者がサイトの中で迷子になったり、目的の情報を見失ったりしないように、できるだけ開くウィンドウの数を減らすように心がけましょう。

▶▶▶ COPY AND DESIGN

公式41 「PDFマーク＋説明文」を セットにして安心させる

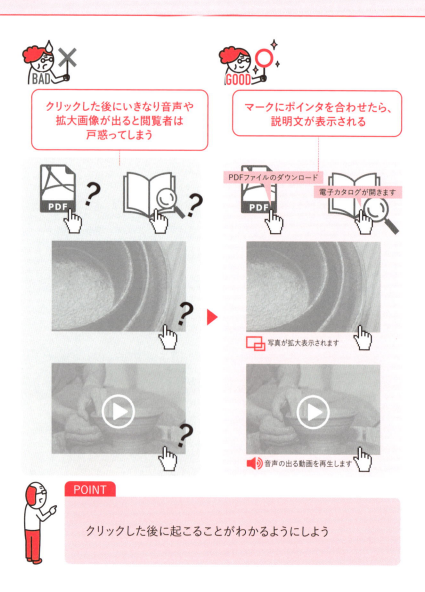

POINT クリックした後に起こることがわかるようにしよう

突然の動画再生は混乱のもと

　WEBサイトでは、別ファイルが開いたり、別ページを参照したりといったさまざまな動きがあります。

　WEBサイトに慣れた人でも、突然、動画や音が出て驚くことがあります。慣れない人の場合は怖いと感じることもあるでしょう。

　動画のマークやWEBカタログ、PDFファイル、別ウィンドウ、モーダルウィンドウ（ページ上に重ねて別のウィンドウを表示すること）などを利用するときは、次にどのような動きがあるのかをわかるようにしておくと慣れない人でも安心です。

　いわゆる一般的なWEBユーザビリティとは違ったシニアの行動を理解したうえでのサイト設計と細やかな配慮を心がけましょう。

サイト制作者の常識が通じないことも……

　WEBサイトの制作者はWEBサイトのさまざまな約束事をわかっています。「このマークはPDFのダウンロードだな」とか「ここに次のメニューがある」といった暗黙の了解があります。

　しかし、一般的に使われているマークだからといって、すべてのサイトで同じ意味で使用されているとは限りません。また、人によってはわかりづらいと思うマークもあります。

　例えば、動画の画面の上によく置かれる▶のマークは、とくに動画に親しみの薄いシニアにとっては、それが何を意味するのかわからない場合があります。知らずにクリックして、動画の音が流れて驚くということも考えられます。

　動画のマーク、PDFやWEBカタログ、別ウィンドウ、モーダルウィンドウを表示する場合には、必ず説明文をつけましょう。

▶▶▶ COPY AND DESIGN

公式42 クリックしやすいリンクをつくる

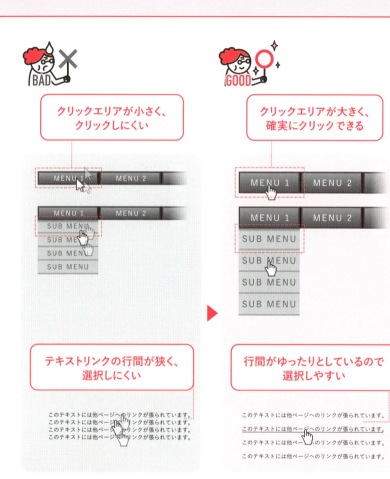

POINT

大雑把な動きでもポインタを合わせやすいリンクをつくろう

シニアはポインタを動かすことが苦手

　年齢が高くなるにつれて、人はマウスを細かく動かすことが難しくなります。動体視力も衰え、ポインタの動きについて行けず、ポインタを見失うこともしばしばです。

　意図するところにスムーズにポインタを動かすことが難しいのです。そのため、ポインタを合わせにくい場所にあるリンクはストレスを生み出す原因となります。

　とくにマウスポインタがずれると消えてしまうプルダウンメニューはシニアが苦手な操作の1つです。小さなサイズのメニューを出すのではなく、できるだけ大きくしてください。そして1つひとつのメニューの高さを広くし、クリックしやすいようにしましょう。

リンクゾーンはできるだけ広く

　プルダウンメニューやバナーはとくに高さをしっかりと取りましょう。そのため、縦方向にも幅を持たせてポイントを指しやすいように作成してください。

　テキストリンクの場合は、行間をしっかり取って、閲覧者がクリックしやすいようにしてください。行間が狭いと、クリックしたいテキストの前や後ろの行を間違えてクリックしてイライラしてしまいます。

　サイト制作者は、ぎこちないマウス操作を助けてあげる気持ちで、バナーとバナーの間、テキストの行間など、違うリンクエリアの間隔は十分ゆとりを取るように心がけましょう。

▶▶▶ COPY AND DESIGN

公式43 リンクの場所をわかりやすくしてクリックさせる

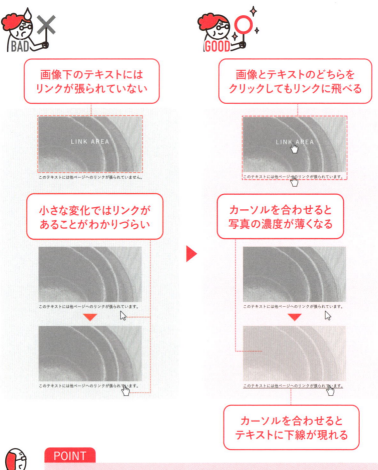

画像下のテキストには
リンクが張られていない

画像とテキストのどちらを
クリックしてもリンクに飛べる

小さな変化ではリンクが
あることがわかりづらい

カーソルを合わせると
写真の濃度が薄くなる

カーソルを合わせると
テキストに下線が現れる

POINT

テキスト部分にも忘れずにリンクを張ろう

ポインタに連動して「ここがリンク」だと教える

　画像だけにリンクを張って、その下のテキストの部分にはリンクを張らないケースがよく見られます。リンクは画像だけでなく、テキストにも必要です。画像がリンクボタンになっていることに気づかない閲覧者もいるからです。

　そこで、ポインタをボタンや画像などの上に重ねると、ボタンやテキストの色が変わる「マウスオーバー」の機能を利用しましょう。クリックできる場所がひと目でわかり、慣れない人にもわかりやすくなります。

ポインタの変化は認識しにくい

　ポインタは、リンクのある場所に移動させると矢印が指のかたちに変わります。このことは、ほとんどのシニアも理解していますが、見せ方には配慮が必要です。

　とくにシニアは、白い背景や写真などの上では、明るさでポインタが見えにくくなり、ポインタのかたちの変化に気づかない、もしくは見分けることが困難な場合も多いからです。HTMLのAltタグにリンク内容の説明を記述しておくと、入力したテキストが表示されるのでリンクがあることがわかりやすくなります。

　シニアは「クリックできる場所が決められている」とは思っていません。「思った場所がクリックできないのは、自分の操作が間違っているからだ」と勘違いし、ページを閉じてしまう傾向にあります。そうならないために、リンクを示すマークを統一して、写真やテキスト、バナーなどクリックできる場所を明示しましょう。クリックできる場所がわかりやすくなります。

▶▶▶ COPY AND DESIGN

 下に誘導するデザインで読ませる

区切り良くコンテンツが並べてあって、下に続いていることがわからない

連続的なレイアウトがあると、自然と下のコンテンツに誘導される

POINT

情報が下に続いていることがわかるレイアウトにしよう

スッキリ納まったページデザインは要注意

　最近はコンテンツをスマートフォンで見る人が増え、Twitterのようにスクロールして新しい情報が表示される縦長のコンテンツ（ロングスクロール）が増えています。ロングスクロールのページでは、下にもコンテンツの続きがあることを視覚的にわかるようにしておくことが大切です。

　シニアや慣れない人は、下にページが続いていることに気づかない場合があるからです。下にも情報があるにもかかわらず、最初に表示される画面で完結しているように見えるページは、とくに注意が必要です。

下へどんどん読み進めたくなる工夫が必要

　ページの下にコンテンツが続いていることに気づかずに次のページに行ってしまう、そのため探しているものが見つからずにサイトから離れてしまうこともあります。それを避けるためには下のバナーを少し見せる、写真をチラ見せするなど、下の部分にコンテンツが続いていることがわかるデザインにする必要があります。

　例えば、サプリや化粧品のWEBサイトでは、「ランキングコンテンツ」を入れるなどの工夫をしています。ランキングであれば「1位」の次に「2位」があるのは容易に想像できます。さらに次を見てみたいという気持ちにさせる効果が期待できます。

　バナーのデザインについても、下向きの矢印を配置すれば、下へ下へとユーザーを誘導することができます。

　ポイントは「次（下）に何があるのかな」と期待を持たせ、読み進んでもらうようにすることです。

4章　▼▼▼　シニアも戸惑わないWEBデザインと構造

▶▶▶ COPY AND DESIGN

公式45 配色、色彩、余白で言いたいことを強調する

背景と文字に明度差がなく、読みづらい

明度差があり、シニアでも文字が読みやすい

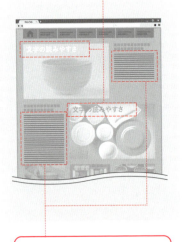 

読んでもらいたいポイントが埋没している

文字色を変え、行間を取ることで、強調したいポイントがわかる

POINT

言いたいことは、色とコントラスト、余白を使って目立たせる

明度の差（コントラスト）を十分に確保する

　第3章でも述べたように加齢による目の衰えの影響は、WEBサイト制作にも同様にかかわってきます。WEBサイトは透過光によって表現されるので、印刷物より色が鮮やかに見えます。さらに、ディスプレイや見る角度によって見え方が大きく変わるということも考慮に入れておかなければなりません。

　とくにテキストの色と背景色の組み合わせは、印刷物以上に明度差（コントラスト）をつけておく必要があります。写真の上に文字をのせる場合は文字を大きくし、ゴシック系の太い書体を使い、文字の後ろに色のついた帯を敷くと読みやすくなります。

読んでほしい部分の色を統一する

　シニアを対象としたサイトでは、商品やサービスの特長、特典など利用者にアピールしたい部分の文字色を比較的強い色で統一しておくことをおすすめします。そうすればシニアがどのページでもパッと見て理解しやすいからです。

　ただし、色が多すぎるとうるさくなり、逆効果になります。使う色は3色以内にとどめましょう。そのようにして強調したいポイントを絞り込んでアピールしたほうが、その部分が際立つので効果的です。

　余白も大切です。シニアは視力の衰えからディスプレイの画面をじっと見てしまいます。そのため目が疲れやすく、細々とした画面を見るのが苦痛なのです。余白を十分に取ったゆとりのあるデザインにしておけば、シニアの目にも優しいWEBサイトになります。ただし、コンテンツの間に余白を取りすぎると、次のコンテンツを見落としてしまう可能性があるので、注意しましょう。

▶▶▶ COPY AND DESIGN

デザイン性よりも機能性を優先する

　デザイン優先のサイトだと、ナビゲーションがわかりにくい

　シンプルな方法で操作できる構造で使いやすい

　POINT
ひと目で操作方法がわかるように、デザインに統一性を持たせよう

いつもとやり方が変わると戸惑う

　シニアの弱点の1つは変化への対応力の衰えです。これまでのやり方が変わると、途端に戸惑ってしまいます。パターン化することで安心して行動することができるのです。原因は加齢による記憶力や理解力の低下と言われています。

　少なくとも同一のサイト内であれば、「リンクの場所」、「このボタンをクリックするとメニューが出る」といった次の動きを示すナビゲーションの方法は統一しておきましょう。アイコンや指示の文字表現も同様です。できるだけ広く使われているパターンを踏襲して迷いや誤解を少なくしましょう。

シンプルが一番

　一般的に、ちょっとしたサプライズや意外性は、サイトの魅力を増すものと考えられています。しかし、シニアにとってはそれがナビゲーションや理解の妨げになる恐れがあります。WEBサイトをクリックして突然フルスクリーンの画像が現れると、その画像がいかに魅力的であっても、戸惑いのほうが大きくなってしまうのです。

　最近、ポインタを移動させるだけで、コンテンツやナビゲーションが現れるサイトをよく見かけますが、シニアは最初にどうすればよいかわからなくなります。

　全世代に使いやすいWEBサイトを目指すなら、構造はできるだけシンプルであるべきです。入力をやり直す人のことを考えて、一度入力した文字は前のページに戻ってもそのまま残るようにする、戻りたいページにすぐに戻れるようにするなど、サプライズや意外性よりも使いやすい工夫や配慮を優先しましょう。

▶▶▶ COPY AND DESIGN

複数の導線で ゴールに誘導する

POINT

WEBだけではなく、人が対応するような問い合わせ先や支払い方法も用意して、消費者が選べるようにしておこう

複雑な事情に対応しやすい導線も必要

　実際、WEBサイトで商品やサービスを購入する前に、もっと細かいこと、自分ならではのことを聞きたいというとき、電話したいという人も多いものです。旅行サイトなら「孫を連れて行きたいが料金はどうなるのか」「減塩メニューには対応してもらえるのか」……。

　電話で細かいことを確認してから買ったり、契約したいというのがシニアの本音です。旅行や株の取引など細かい手続きや内容の確認があるものは必ず電話対応を準備すべきです。電話、FAX、はがき……ゴールへはアナログな導線を忘れてはなりません。

決済方法に「代引き」は必須

　個人情報の漏えいやネットでの詐欺行為が毎日のように報じられている中で、シニアはネットに警戒心を持っています。そのため、詳しい個人情報が含まれているクレジットカードの情報を入力することに抵抗があります。お店でクレジットカードを使うことにさえ、不安を持っているシニアもいます。

　一方、シニアの場合、若い人たちには面倒な銀行や郵便局での振り込みには抵抗が少ないと言えます。年金や仕送りの受け取りによく郵便局や銀行を訪れているからです。

　商品やサービスの決裁についてはクレジットカードだけではなく、代引きや振り込みやといった方法も用意しておく必要があります。とくに代引きは、購入品を対面でやりとりできる安心感があります。家にいることが多いという点でもシニアにとって便利な決済方法と言えます。

▶▶▶ COPY AND DESIGN

公式48 記憶してほしい情報には、印刷ボタンを設置する

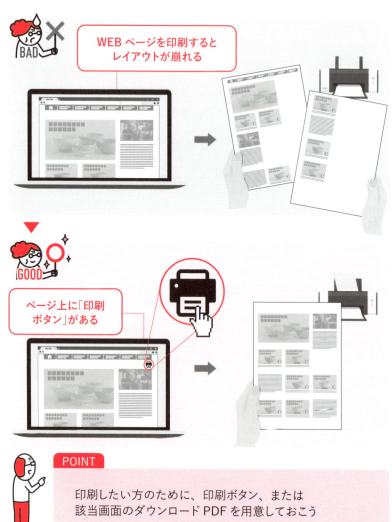

POINT

印刷したい方のために、印刷ボタン、または該当画面のダウンロードPDFを用意しておこう

シニアに限らず、印刷率は高い

　目にハンデを抱えることが多いシニアは、ディスプレイよりプリントした情報のほうが見やすく、読みやすいと感じます。サイトを参照しながら作業をする場合、いったんプリントしてから作業をするというシニアが多いようです。プリントしたものに書き込みをすることもあります。

　プリントすれば見たいページを確実に行き来できるからです。プリントしておけば、誤ってデータを消してしまった場合も安心です。

　プリントサイズはA4版が基本です。家庭用のプリンタはほとんどがA4以下のサイズ対応と考えて良いでしょう。

印刷ボタンとPDFを用意する

　記憶してほしい情報、アクションを起こしてほしい情報にはぜひ、印刷ボタンをつけましょう。地図もスマホで見る世代とは違い、シニアはプリントして利用するほうが使いやすいからです。

　しかしシニアがサイトの情報をうまくプリントすることは、他の世代が考えているより難しいことです。とくにブラウザの情報を見たままにプリントできないというシニアの悩みをよく聞きます。右クリックの「印刷」からでは画面で見たとおりにうまくプリントできない場合が多いようです。埋め込みの地図もなかなか思うようにプリントができません。

　このようなサイトの情報が見やすいかたちで簡単に印刷できれば親切なサイトになります。PDFはペーパーレスの効果と、どんな環境で印刷してもレイアウトが崩れないというメリットがあります。一方、印刷ボタンは、すぐにきれいな印刷ができるので、できれば両方用意したほうが良いでしょう。

▶▶▶ COPY AND DESIGN

公式49 文字は画像化せずにテキスト化する

文字が画像化されていて、コピーできない

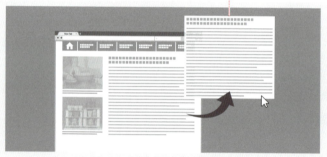

テキストデータなら
コピー&ペーストOK！

テキストデータなので、
情報の更新がしやすい

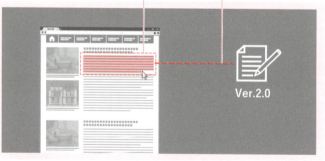

POINT

テキストならコピー&ペーストOK。
閲覧者の書き写しの手間を省き、ミスを防ごう

テキスト化なら、全世代に対応できる

　画像化すると文字サイズを変えるボタンが機能しなくなります。加齢による白内障が進むとかなり大きな文字でないと読めなくなります。しかし、シニアに合わせると、読みづらい人も出てきてしまいます。その対応として文字の大きさは変えられるようにしておくべきです。

　さらにテキストであれば音声読み上げなどユーザビリティ対応が可能になります。また画像化した文字は輪郭がにじみがちで、とくに小さな文字は読みにくくなるので注意が必要です。

閲覧者も管理者も使いやすい

　文字が画像化されていると、PCやスマートフォンなどのディスプレイの解像度に合わせる「最適化」ができなくなり、画面からはみ出してしまう場合もあります。最近では、PCよりスマートフォンでWEBサイトを見る人が増えています。これからは、シニアも例外ではありません。かつてはフォントデザインにこだわって文字を画像化することもありましたが、WEBフォントの利用でその点も改善されつつあります。

　さらに、文字がテキスト化されていると、簡単にコピー＆ペーストできます。例えば、グルメサイトであれば、閲覧者が店の住所・電話番号をコピーして仲間に送るといった使い方ができるので、閲覧者が書き写すときの手間が省けて、間違いも減らせます。

　WEBの発信者側の視点で言えば、テキスト化しておくと、常に新しい情報を提供するためのメンテナンスがしやすいというメリットがあります。

▶▶▶ COPY AND DESIGN

公式50 カタカナ用語の使用には工夫が必要

カタカナ用語への配慮の一例

日本語に言い換える

BAD	GOOD
アカウント	利用資格
アクセス	交通案内
フルスクリーン	全画面表示

説明を添える

BAD	GOOD
インストール	ソフトウェアを組み込むこと
サイトマップ	サイト掲載内容の一覧表
ブラウザ	ネット上の情報を見るソフト

説明を添える（スマートフォンの操作方法） ※イラストで見せると一層わかりやすい

BAD	GOOD
タップ	画面を指で軽く叩くこと
スワイプ	画面で指を滑らせること
ピンチイン/アウト	画面で2本の指を挟める、広げること
フリック	画面を指ではらうこと
ホールド	画面を指で押さえたままにすること

POINT
カタカナ用語は説明するのが難しければ、イラストで表そう

カタカナ用語をできるだけ少なく

　シニア層がWEBを難しいと感じる大きな要因の1つに言葉があります。制作者が「このくらいわかるだろう」と思っている言葉でも理解できないものがたくさんあります。とくにカタカナは日本語（わかりやすい言葉）に置き換えていきましょう。

　「ナビゲーション」は「ご案内」、「カート」は「買い物かご」に置き換えるなど、シニア層に浸透していない用語は、できるだけわかりやすい言葉に置き換えることで誤操作を減らすことができます。「アクセス」もシニアに誤解されやすいカタカナ用語です。「交通案内」と言い換えれば間違いはありません。また、「FAQ」のように英語の頭文字を取った短縮語などで、日本語にしにくい用語については、説明を添えるようにしてください。

スマホ用語もわかりやすく

　スマホ用語もシニアにわかりにくいものが多くあります。まず「アプリ」という基本的な用語もわかりません。「サプリ」と間違うという冗談もあります。とくに基本的な操作を表す「タップ」「スワイプ」「フリック」「ピンチ」などは日本語にせず、「指で画面を軽く叩くこと」「画面で指を滑らすこと」といったわかりやすい説明を添えるほうが良いかもしれません（左頁参照）。日本語に置き換えるとかえってわかりにくくなったり、他の人に操作方法を聞くときに通じなかったりする場合があるからです。

　用語の理解はシニアの中でも幅があります。60歳くらいなら通じることが、70歳になるとわからない言葉がぐっと増えます。伝えたい相手を想定した用語の使い方が必要です。

COLUMN

シニアのSNS活用事情

　最近、筆者の周囲でもSNSをするシニアが増えています。とくに女性が「LINEで孫とメッセージや写真を送り合いたいからスマホにした」と言うのをよく聞きます。実態を総務省の情報通信白書（平成29年度版）のデータで見てみましょう。

	LINE	Facebook	Twitter	mixi	Mobage	GREE	Google+	YouTube	ニコニコ動画	Vine	Instagram
全体(N=1500)	67.0%	32.3%	27.5%	6.8%	5.6%	3.5%	26.3%	68.7%	17.5%	2.9%	20.5%
10代(N=140)	79.3%	18.6%	61.4%	2.9%	6.4%	3.6%	28.6%	84.5%	27.9%	5.7%	30.7%
20代(N=217)	96.3%	54.8%	59.9%	13.4%	9.2%	6.9%	29.5%	92.2%	36.4%	7.4%	45.2%
30代(N=267)	90.3%	51.7%	30.0%	9.4%	9.7%	4.5%	37.5%	88.4%	19.5%	3.7%	30.3%
40代(N=313)	74.1%	34.5%	20.8%	8.3%	4.8%	3.2%	30.0%	77.3%	15.3%	1.6%	16.0%
50代(N=260)	53.8%	23.5%	14.2%	5.8%	4.2%	2.7%	25.4%	55.4%	9.2%	1.2%	12.3%
60代(N=303)	23.8%	10.6%	4.4%	1.0%	1.0%	1.0%	10.2%	29.7%	6.6%	0.3%	1.3%
男性(N=756)	63.6%	32.0%	25.7%	6.5%	7.5%	4.2%	25.4%	72.0%	19.8%	2.1%	13.9%
男性10代(N=72)	75.8%	16.7%	54.2%	2.9%	5.6%	2.3%	23.6%	81.9%	27.8%	4.2%	20.8%
男性20代(N=111)	94.6%	50.5%	53.2%	14.4%	14.4%	9.0%	33.3%	91.0%	46.8%	4.5%	34.2%
男性30代(N=136)	86.0%	46.3%	30.1%	5.1%	11.8%	5.1%	34.6%	90.4%	20.6%	2.9%	18.4%
男性40代(N=159)	63.6%	36.5%	21.4%	8.8%	6.3%	5.7%	25.2%	78.2%	17.6%	1.9%	11.3%
男性50代(N=130)	49.2%	24.6%	11.5%	6.2%	4.6%	0.0%	23.8%	59.2%	6.9%	0.8%	6.9%
男性60代(N=148)	23.6%	14.2%	4.1%	1.4%	1.4%	1.4%	13.5%	40.5%	8.8%	0.0%	0.0%
女性(N=744)	70.4%	32.5%	29.3%	7.1%	3.6%	2.7%	27.3%	65.3%	15.1%	3.6%	27.3%
女性10代(N=68)	88.2%	20.6%	69.1%	2.9%	2.9%	1.5%	33.8%	86.8%	27.9%	7.4%	41.2%
女性20代(N=106)	98.1%	59.4%	67.0%	12.3%	3.8%	4.7%	25.5%	93.4%	25.5%	10.4%	56.6%
女性30代(N=131)	94.7%	57.3%	29.8%	13.7%	7.6%	3.8%	40.5%	86.3%	18.3%	4.6%	42.7%
女性40代(N=154)	79.9%	32.5%	20.1%	7.8%	3.2%	0.6%	35.1%	76.6%	13.0%	1.3%	20.8%
女性50代(N=130)	58.5%	22.3%	16.9%	5.4%	3.8%	5.4%	26.9%	51.5%	11.5%	1.5%	17.7%
女性60代(N=155)	23.9%	7.1%	5.2%	0.6%	0.6%	0.6%	7.1%	19.4%	4.5%	0.6%	2.6%

総務省情報通信製作研究所『情報通信メディアの利用時間と情報行動に関する調査』

シニア女性に人気のLINE

　60代以上で一番利用されているSNSはYouTubeで、男女合わせると29.7％です。次がLINEで23.8％。しかし男女別で見ると60代女性の利用率トップはLINEで23.9％。ちなみに男性のトップはYouTubeで40.5％となっています。年次推移を見てもここ数年のLINEの伸びは著しいものがあります。

　LINEのHPから媒体資料※を見るとユーザーの中で50代以上が26％と、全体の4分の1を上回っています（2018年4〜6月）。LINEはシニアに支持されていることがうかがえます。

出所：「LINE アカウント 2018年7-9月期 媒体資料」
URL：http://ad-center.line.me/mediaguide/?pageID=6

5章

シニアに届く
コンタクト
ポイントはどこ？

▶▶▶ COPY AND DESIGN

注目したい7つのメディア

1.新聞15段記事体広告

新聞はシニアにとって、なじみ深いメディアです。記事のような体裁でシニアから信頼されやすいという特長があります。大きなスペースを使えるため、情報を読みやすく、わかりやすくまとめることができます。ユーザーの声を紹介する手法もよく利用されています。

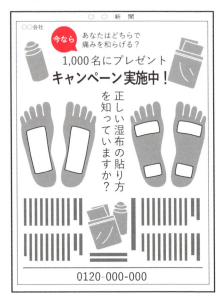

2.レスポンス
　　喚起型新聞折り込みチラシ

シニアへのリーチが高いメディアです。地域や展開規模をきめ細かくコントロールできます。カラー印刷で多様な表現が可能です。ビジュアル訴求がポイントとなる化粧品や食品などの商品に向いています。チラシの一部をレスポンス用のハガキにすることができます。

3. コバンザメ型「同封・同梱」チラシ

商品をお客さまに送付する際にチラシやサンプルを同梱・同封する方法です。送付コストを抑えることができます。1種類のチラシだけではなく複数の宣材、冊子、商品サンプルも届けることができます。とくに、送付される商品の満足度が高い場合は、効果が期待できます。

4. 見込み客に合わせたマガジンへの出稿

シニア向けの定期購読マガジン、旅行や健康といったシニアの関心が高い媒体で見込み客とのコンタクトポイントがつくれます。マガジンの特集記事とタイアップすればより効果的です。マガジンが持つ読者情報に合わせて訴求の切り口を鋭くすることがポイントです。

5. インフォマーシャル

　インフォマーシャル（Infomercial）は、インフォメーション（information）とコマーシャル（commercial）を合わせた造語で、アメリカで生まれたテレビショッピングの1つです。

　15秒、30秒といった短いコマーシャルではなく、1つの商品について専門のMC（番組の進行役）が時間をかけて詳しく紹介します。

　商品の信頼性を高めるため、商品を使用した実験やユーザーの感想、専門家のコメントなどを盛り込んで構成されているのが特徴です。

　多く放送されている時間帯は、シニアの視聴割合が高く、放映料も安い深夜と早朝です。インフォマーシャルの専門チャンネルもあります。

6. ラジオCM

ラジオもシニアに身近なメディアです。気軽に聞ける点でシニアに人気があります。いつも聞いているパーソナリティーの声は、シニアに安心感や信頼感を与えます。とくに団塊以前の高齢シニアにリーチしたいときに有効です。比較的費用がかからないというメリットもあります。

7. LP（ランディングページ）

ニュースサイトやリスティング広告からの飛び先となるページです。サイト全体ではなく対象をシニアに絞った内容にできるため、LPへ流入したシニアはすぐ注文やお問い合わせなどのアクションができます。情報は1ページに集約してシニアが迷うことがないようにしましょう。

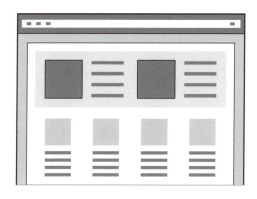

▶▶▶ COPY AND DESIGN

02 リアルなコンタクトポイント

1. リピートしたくなる接客をする

シニアは企業や店舗、個人とのコミュニケーションを望んでいます。シニアマーケティングで成功している事例を見ると、シニアとのしっかりとした信頼関係が見てとれます。そうした関係を築くには、リピートしたくなる行き届いた接客（関係づくり）が欠かせません。

シニアが抱えるギャップを埋める

シニアは目、耳、筋肉、そして脳にギャップを抱えています。そのため、サインや文字は大きく、見やすくしましょう。レジなどで急かすことは禁物です。語りかけるときはゆっくりと、あまり抑揚をつけないようにしましょう。また、シニアはトイレをよく利用するので、場所や広さ、設備に配慮が必要です。

シニアの心情に寄り添う

シニアとのコミュニケーションは「聞く」を優先してください。ただし、「年寄り扱い」にならないように注意が必要です。対面接客ではなく側面接客が好まれます。買い物の場合は一緒に商品を選ぶパートナーとしての立ち位置が歓迎されるからです。

2. シニアが集まる店舗、イベントを企画する

シニアに支持されている店舗は接客だけではなく、空間や企画にシニアに向けた配慮がされています。そのためには、シニアの暮らしに対する理解が必要です。シニアの気持ち、ふところ事情、季節感……家族との関係も大切な要素として考慮しておきましょう。

「ウェルカム表現」を大切に

店舗にはベンチをたくさん置くことをオススメします。ベンチは代表的な「ウェルカム表現」だからです。ベンチがあることでシニアは自分が歓迎されていると感じます。他にも、植栽や室内の花や観葉植物、「のれん」、暖かい感じのする照明などが効果的です。シニアに「また、来てみよう」という気持ちを起こさせます。

シニアの暮らしに合わせて

偶数月の年金支給日に合わせたセールやイベントだけではなく、家族や孫と楽しい時間を過ごせる企画が考えられます。季節感を大切にし、歳時に合わせたイベントも大切です。移動手段に不自由しがちなシニアには、無料送迎バスや宅配サービスがあると喜ばれるでしょう。

3. シニアのホットポイントを活用しよう

　病院や福祉施設以外にもシニアが多く集まる場所（ホットポイント）として、郵便局や調剤薬局があります。どちらもスタッフがシニアと個人的なつながりを持ち、信頼を得ていることが共通点です。こうした場所はシニアとの効果的なコンタクトポイントと言えます。

郵便局

　年金受取口座をゆうちょ銀行にしているシニアが多いと言われています。とくに旧特定郵便局は地域の顧客とのつながりが強みです。この郵便局をメディアとして利用できます。ポスターの掲示、チラシやカタログに加え、商品サンプルの配布も可能です。

調剤薬局

　調剤薬局は薬の相談などを通じて、シニアには信頼できる存在です。調剤薬局の特性をいかしたシニア向けのさまざまなプロモーションが考えられます。調剤薬局ならではの高血圧や糖尿病といった疾患別のセグメントが可能です。

6章

さらにシニアを狙うなら！
One to One
マーケティング

▶▶▶ COPY AND DESIGN

よくあるシニア像の10大勘違い

①潤沢な貯蓄を持っている？

　総務省の調査によると、60歳以上の世帯は、平均値で2,384万円、中央値で1,639万円の貯蓄があります。2,500万円以上の世帯も全体の34%を占めている一方、300万円未満の世帯も13.4%あります。その半数近くは100万円以下という厳しい数字です。この数字に貯蓄ゼロの世帯は含まれていないので、貯蓄がない世帯を含めると中央値はさらに下がります。

　驚くべきことは、貯蓄のない世帯が2011年から2016年のわずか5年間で2.8%から22.7%に急増していることです。潤沢な貯蓄があるシニアがいる一方、格差が拡大して貯蓄が極めて少ないか、ゼロというシニアも増えていることを忘れてはなりません。

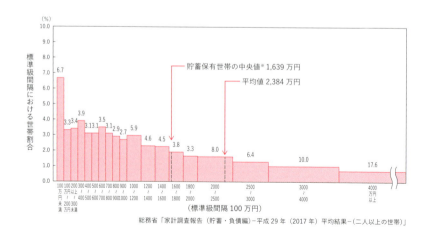

総務省「家計調査報告（貯蓄・負債編）－平成29年（2017年）平均結果－（二人以上の世帯）」

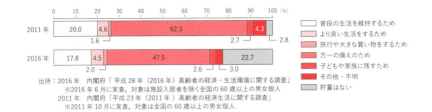

②隠居してほのぼのと暮らしている？

　60歳で定年を迎えたら、仕事から開放されて、テレビを見たり、散歩をしたりといった「毎日が日曜日」のような生活をしているイメージがあるかもしれません。しかし、そんな老後を送ることができるシニアは減りつつあります。

　すでに高齢者の就労率は65〜69歳で45.3％、70〜74歳で27.6％、75歳を超えても9％に達しています。今後、年金支給開始年齢の再引き上げは避けられず、70歳まで働くことが当たり前になるでしょう。さらに離婚した娘と孫、30歳を超えてひきこもる子どもの面倒を見るために頑張り続けなくてはならない……といった状況も珍しくありません。

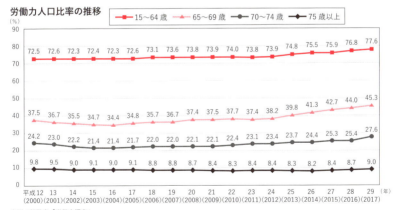

出所：総務省「労働力調査」
※1　「労働力人口」とは、15歳以上人口のうち、就業者と完全失業者を合わせたものを言う。「労働力人口比率」とは、人口に占める「労働力人口」の割合
※2　平成23年は岩手県、宮城県及び福島県において調査実施が一時困難となったため、補完的に推計した値を用いている

③旅行好き？

　シニア（60歳以上）が旅行に使うお金を年代別の割合で見ると、宿泊旅行で34.1％、日帰り旅行で36.5％です。60歳以上の人口は、全体の約33％なので、あまり変わりません。さらに70歳以上では消費額は激減します。よく言われるシニアの旅行消費が多いというのは、定年後数年間のうちなど一部の期間だけだと考えられます。

国内観光・レクリエーション旅行 年間消費額 年代別構成比

区分	9歳以下	10代	20代	30代	40代	50代	60代	70代	80代以上
宿泊旅行	5.1	7.6	11.1	11.6	15.9	14.5	17.5	12.5	4.1
日帰り旅行	4.7	4.9	9.9	12.0	15.9	16.2	18.8	13.4	4.3

出所：観光庁「平成29年（2017年）旅行・観光消費動向調査」

④早寝早起き？

　起床時刻を全年齢、高齢者、後期高齢者に分けて比較してみると、実はほとんど差がないことがわかります。7時半以前に起きる人では、シニア層のほうが多くなっていますが、その差はわずかです。

　就寝時間を見てみると、シニアの夜ふかし傾向が強まっています。とくに後期高齢者で22時半から深夜0時の就寝比率が高まっていることは注目に値します。今のシニアは「遅寝早起き」と言えそうです。

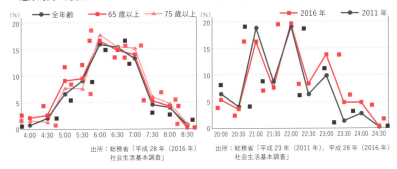

出所：総務省「平成28年（2016年）社会生活基本調査」／出所：総務省「平成23年（2011年）、平成28年（2016年）社会生活基本調査」

⑤ITアレルギーを持っている？

　インターネット利用率は、60代で73.9％で、70代でも半数近くの方が利用しています。60代のインターネット行為時間は他の世代に迫ります。携帯電話も60代はいわゆるガラケーが多いですが、間もなくスマートフォンに逆転されるでしょう。シニアのITスキルは年月の経過とともに確実に上がっていきます。仕事でインターネットを利用していた世代がシニアに仲間入りしてくるからです。

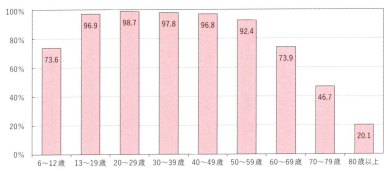

出所：総務省「平成29年（2017年）通信利用動向調査」

⑥ボランティア活動をしている？

　実はシニアの70％が「活動していない」のです。活動していても半数は自治会などの自治活動が中心です。シニアはボランティア活動の重要なプレイヤーですが、みんながボランティアに熱心だということではありません。これからは仕事のため、ボランティア活動をしたくても、時間を取れないシニアも増えると予想されます。

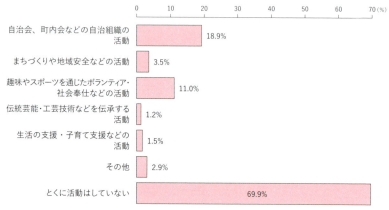

⑦子どもに土地や建物を残したい？

　「子どもや家族に土地・建物の形で財産を残したいか」と年代別に聞くと、30代・40代が「子孫に美田を残す」意識が顕著で、いずれも半数を超えています。一方、50代・60代では半数以下です。「子孫に美田を残さず」自分のために活用するという考え方が主流になりつつあるようです。

子どもや家族に土地・建物の形で財産を残したいか？

出所：国土交通省「平成27年（2015年）土地問題に関する国民の意識調査」

⑧一人暮らしはしたくない？

　一人暮らしをするシニアに生活満足度を聞くと「満足している」が80％、「満足していない」が20％という結果が出ています。男女別では、女性の生活満足度が際立って高いのが特徴です。

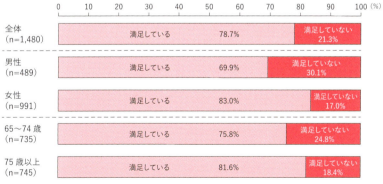

高齢単身者の生活満足度

出所：内閣府「平成26年（2014年）一人暮らし高齢者に関する意識調査」

「今後誰と一緒に暮らしたいか」と問うと「今のまま一人暮らしでよい」という答えが76.3％に上ります。平成14年と比較すると約5％の増加。逆に子との同居を望む声は約7％減少しています。健康であれば周りに気を使って暮らすより「1人で気楽に」がいいということでしょうか。

⑨消費者トラブルで泣き寝入りしている？

シニアは安心感を重視する傾向が強いと言えます。

下のグラフは「商品やサービスについて問題があれば、事業者へ申し立てを行うか」を年代別に聞いたものです。「心がけている」と答えた割合は70代が50.3％でトップで、60代、50代と続きます。「かなり心がけている」という回答でも、70代は堂々のトップです。ここに「物言う消費者」としてのシニアの姿を見ることができます。

商品やサービスについて問題がある場合、事業者への申し立てを行うことを心がけているとする割合

年代	かなり心がけている	ある程度心がけている	計
20代	8.4	29.5	計 37.9
30代	8.0	34.4	計 42.4
40代	8.2	34.9	計 43.1
50代	9.2	36.6	計 45.8
60代	11.2	36.8	計 48.0
70代	13.9	36.4	計 50.3

出所：消費者庁「平成29年度（2017年）消費者意識基本調査」

⑩地方に移住したい？

　下のグラフは東京在住のシニア（50、60代）に移住について、予定したり検討したりしているかを聞いたものです。50代男性の「移住願望」が50.8％と最も高く、60代（同じく男性）では36.7％と移住を希望しているのは3人に1人しかいません。

　「人生の楽園」を求めて移住したいと考えるシニアは多い、と言われていますが、60代の男性では6割以上、女性では7割以上が「検討したいとは思えない」と回答しています。つまりシニアの多くは「移住を希望していない」ということがわかります。

東京在住の50代、60代の移住希望

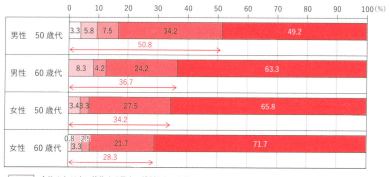

- 今後1年以内に移住する予定・検討したいと思っている
- 今後5年をめどに移住する予定・検討したいと思っている
- 今後10年をめどに移住する予定・検討したいと思っている
- 具体的な時期は決まっていないが、検討したいと思っている
- 検討したいと思わない

※赤字は「移住する予定・検討したい」の合計

出所：内閣官房「平成26年（2014年）東京在住者の今後の移住に関する意向調査」

▶▶▶ COPY AND DESIGN

シニア市場を4つに分けて考える

100兆円の市場は本当か？

「シニア市場、100兆円」。これは、シニアマーケティングを考える上で、枕詞のように使われているフレーズです。2011年に第一生命経済研究所が、「60歳以上のシニア世代の消費が100兆円を突破」と推計しました。2012年にはみずほコーポレート銀行（現みずほ銀行）が「2025年の高齢者市場の市場規模、100兆円」と報じました。アプローチの仕方が異なるので、どちらが正解かという問題ではありませんが、100兆円というインパクトの強い数字が、いつの間にか独り歩きを始めた感じがします。

✓ **シニア世代の4つの類型**

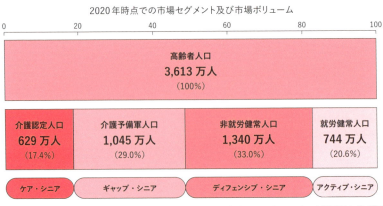

※1　国立社会保障・人口問題研究所資料、厚生労働省「介護保険事業報告」よりみずほコーポレート銀行（現みずほ銀行）産業調査部作成
※2　非介護認定人口の35％と推定（みずほ銀行呼称「メザインシニア」の人口規模推定値推定30〜40％の中央値に準拠）
※3　高齢者人口－介護認定人口－就労健常人口で得られた数値
※4　高齢者人口に2014年現在の高齢者就業率（20.6％）を乗じて得られた数値

だからといって、この巨大市場で大きな果実を手にしたという声はそれほど聞こえてきません。シニア市場という均一な市場があるわけではないからです。数少ない成功事例である旅行商品やスポーツジムにしても、すべてのシニア世代に共通したニーズではありません。シニア世代の中でも、「お金と時間にゆとりのある健康な人々」という一部のシニアのニーズにすぎないからです。

大きく分けてシニアのタイプは４つある

　そこで提唱したいのは、シニア世代を大きく下記の４つの類型に分けて起案や発想をスタートさせることです。その４つとは、「アクティブ・シニア」、「ディフェンシブ・シニア」、「ギャップ・シニア」、「ケア・シニア」です。

　ここ10年以上脚光を浴びてきた、アクティブ・シニアと介護保険のお世話になるケア・シニアは、すでに「見える化」されている市場です。しかし、多数派はディフェンシブ・シニアとギャップ・シニアです。この層に対してアプローチできている企業は、まだ少ないと言えます。

✓ ４つのシニアのマトリクス

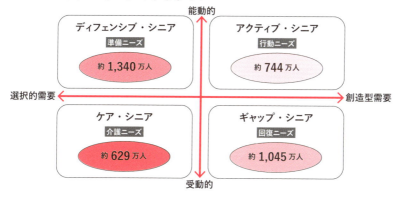

▶▶▶ COPY AND DESIGN

資金にも時間にも余裕のあるアクティブ・シニア

「金持ち・時間持ち」という昔ながらのシニア

　就労、資産運用等で年金以外の安定した収入があり、そこから生じる可処分所得が、消費支出の源泉となり、他の3類型とは異なる独自のアクティブな消費を生み出します。

　これまでの「金時持ち」と言われた像に近いシニア層です。

✓「アクティブ・シニア」の戦略的ニーズ・マップ

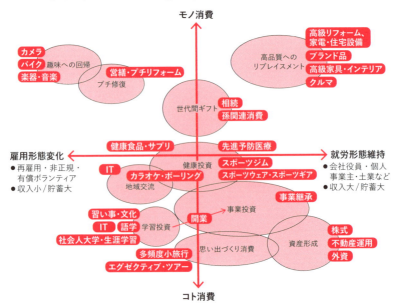

可処分所得に余裕があるため、趣味、外食、ファッションへの消費支出など、生活の維持に直結しない費目のウェイトが高いのが特長です。
　コト消費・思い出づくり消費・孫への支出・時間消費……。これまで「100兆円シニア市場」としてもてはやされてきた需要は、アクティブ・シニアを想定したものです。
　同じアクティブ・シニアでも、収入を維持できる人と、定年再雇用などで、所得が減る人では、ニーズや選択する商品が違ってきます。

アクティブ・シニアを理解する5つのキーワード

　アクティブ・シニアの人物像を理解するために、5つのキーワードを下の表で紹介します。

若さ	アクティブ・シニアにとって「若さ」は活力の源。若いということを自分でも意識し、他人からも認められることを願っている
心と体の健康	アクティブ・シニアが考える「健康」とは、長生きできることよりも、「苦痛と不自由から解放」されること。そのためには、お金も時間も努力も惜しまない
自信	アクティブ・シニアは、自分をしっかり見つめて自信を持って生きることが幸せな生活に繋がると考えている
人との繋がり	SNSを使いこなすシニアも増加傾向。アクティブ・シニアにとって、ICTは活躍の場と幅を広げる大きな力になっている
学び	学ぶことに年齢制限はない。社会を支えるためのコミュニティやボランティア活動に役立つ、新しい知識や情報の獲得に意欲的だ

▶▶▶ COPY AND DESIGN

04 年金収入に頼る ディフェンシブ・シニア

人数が一番多い、堅実に暮らすシニア

　非就労で主に年金収入に頼りながら、自立して堅実な生活を送っているシニアです。どちらかと言えば「守り」に軸足を置いたシニア層ということから、シニアマーケティング研究室が独自に命名したものです。

✓「ディフェンシブ・シニア」の戦略的ニーズ・マップ

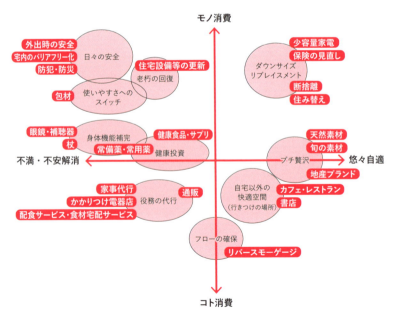

マーケティングの対象としては地味な存在ですが、シニア4類型の中では最も人口規模の大きな「サイレント・マジョリティ」で、これから重要度が増す市場になります。

　ニーズの特徴は食費、光熱費、保健・医療費など「不満・不安を解消する」モノ消費が中心です。必需型と言える消費の占める割合が大きくなります。もちろん悠々自適を目指す消費も消えたわけではありません。

　このシニア層の需要を獲得するキーワードは、「選ばれる」ということです。必需型商品市場の中から自社商品を選んでもらうマーケティング戦略が求められます。その際の選択基準は、使い心地や耐久性などのベーシックな価値だと考えられます。

ディフェンシィブ・シニアを理解する5つのキーワード

　ディフェンシィブ・シニアの人物像を理解するために、5つのキーワードを下の表で紹介します。

体の**健康**	ディフェンシィブ・シニアが考える健康は、病気の予防の意識が強い。健康を失うことは家計や生活の基盤を失うことに繋がると考えている
孫や夫婦、ペットとの**絆**	孫やペットはディフェンシブ・シニアにとっても特別な存在。どちらも大切な家族である。孫消費、ペット消費がますます増えるだろう
喪失を乗り越える**自信**	リタイアすると身体的な喪失感に加え、地位や収入など社会的な喪失感も出てくる。そのようなときに、「まだやれる」という自信がディフェンシブ・シニアの生きがいを取り戻す
病気、介護への**備え**	自分やパートナーの病気や加齢による身体的障害が気がかりになる。元気なうちに備えておきたいと考えるディフェンシブ・シニアが多い
住み続ける財産としての**住まい**	家にいる時間が長いディフェンシブ・シニアに住まいは重要。さらに資産として自分たちで使う、という考えのシニアが増えている

▶▶▶ COPY AND DESIGN

日常生活で我慢することが増えるギャップ・シニア

放っておけば要介護になるシニア予備軍

　日本総合研究所によって命名されました。高齢になって病気にかかったり、体力が低下したりするとできることが減ります。できることとやりたいこととの間に生じる「隔たり（gap）」が命名の由来です。
　ギャップ・シニアには、「どうしたらできるようになるか」と考えた

✓「ギャップ・シニア」の戦略的ニーズ・マップ

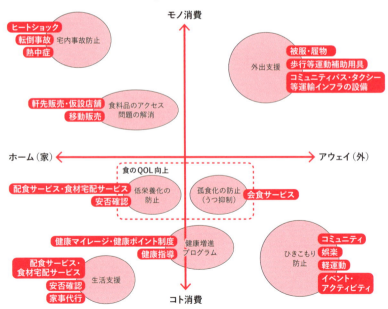

り工夫したりするのではなく、年だから仕方がないと諦め、我慢することによって、この隔たりを解消しようとする傾向が見られます。そのままでは、徐々に要介護状態に近づいてしまいます。それを防ぐための需要が増えてきています。

- 公民連携による商品やサービスの提供が期待できる
- 今までになかった商品やサービスが発生しやすい
- 継続して使用、飲用、活用する商品やサービスが比較的多い

といった市場特性があります。

ギャップ・シニアを理解する5つのキーワード

ギャップ・シニアの人物像を理解するために、5つのキーワードを下の表で紹介します。

希望	医療の進化のため、「できない」という諦めを「できる」希望に変え、健やかな日々を取り戻そうとするシニアが増えている
夫婦、子ども、ペットとの絆	ギャップ・シニアは、外出が難しくなり、周囲の人たちとの交流も少なくなりがち。そんな中でペットやSNSでの交流が心の支えになっているシニアも増えている
医療	ギャップ・シニアは、病院やクスリと縁が切れにくい。ギャップを克服するための最新の医療や治療に関する情報を求めている
貯蓄	第一に備えるのは、お金だと考えている。治療や病院代に加え、生活の質を維持するためのサプリメントや住宅設備の改善に費用が必要になるからだ
住まいのリフォーム	健康なときに建てた住まいは、ギャップを抱えるとさまざまな不便が出てくる。住まいのリフォームで、生活の質を向上したいと考える

▶▶▶ COPY AND DESIGN

介護が必要なケア・シニア

要支援・要介護の認定を受けている人

　要介護等認定を受けているシニア層です。説明を必要としないほど、顕在化したグループであり、ほぼ必需品によって占められている市場です。成熟市場と言えますが、個々のニーズに対応したニッチな商品やサービスも多く見られます。

✓ 「ケア・シニア」の戦略的ニーズ・マップ

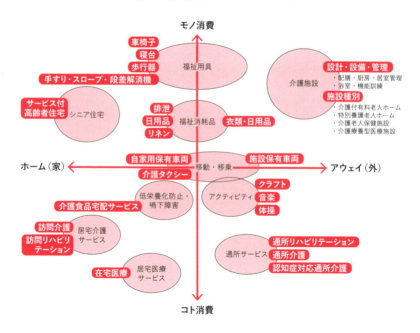

深刻な介護人材の不足や働き方改革の影響で、見守りシステムや介護ロボットに代表されるような市場が生まれました。今後ICTやAIなどの技術革新により、ますますその市場は大きく展開されていくでしょう。

　福祉施設などで使われるものはBtoB商材といってもよいでしょう。個人が自宅で使う商品も、商品選定にケアマネージャーなど、インフルエンサーの影響力が強いのも特徴です。

　それにとどまらず、身近な日用品や家電製品、飲食店で行うサービスが思いがけずケア・シニアのニーズを満たすことも考えられます。

ケア・シニアを理解する5つのキーワード

　ケア・シニアの人物像を理解するために、5つのキーワードを下の表で紹介します。

支援、介護者、ロボットによる**支援**	ケア・シニアには手を握り、身体を支え、直接触れ合って支えてくれる存在が欠かせない。介護職員の不足で、心配になっている
介護と医療の**情報**	ケア・シニアにとっては「介護」と「医療」は切り離せない。介護者は2つの情報を得て、負担を減らしたいと考えている
福祉制度	ケア・シニアに対するマーケティングでは、介護保険制度や地域包括ケアシステムなど行政の制度を理解し、それに沿った施策が求められる
介護にかかる**費用**	介護にはお金がかかるので、関心が高い。介護保険制度を使っても、限度額を超えたサービスや給付対象外のサービスは全額自己負担になるため
介護ステージに合った**環境**	ケア・シニアは、介護のステージに合わせた暮らしを実現できるサービスや商品に関心がある

COLUMN

今後のシニア市場として注目したい「ワーキング・シニア」

　労働力人口総数に占める65歳以上の者の割合は、約12.2%です。年々上昇を続け、平成29(2017)年には10年前の約1.6倍になっています[※1]。また、雇用環境も変わってきました。今後も年金支給開始年齢の再延長や、高齢者の医療費、介護費の自己負担額増加に伴い、雇用最高年齢が70歳、75歳と引き上げられていくと考えられます。70歳以上、もしくは働ける限りはいつまでも働きたいという意欲を持つシニアも約79.7%に達します[※2]。

「就労」シニアによって増大するサポートニーズ

　今後、増加するワーキング・シニアは就労という視点で見ると、大きな市場として捉えることができます。一番大きな理由は収入が増えることですが、シニアが働くことにより、さまざまな就労サポートニーズが生まれることも理由の1つです。

- 加齢による身体的な衰えをサポートするもの：物忘れ対策としてパスワードに代わる顔認証システムの導入など。
- 社会的活動をサポートするもの：健康を考えた外食メニュー、テクノロジーの進歩を知るための学びなど。

　上記のような就労サポートニーズが顕在化することで、これまでになかった大きな市場が現れることになるでしょう。

[※1]　総務省「労働力調査」
[※2]　内閣府「平成26年（2014年）高齢者の日常生活に関する意識調査」
　　　調査対象は、全国60歳以上の男女。現在仕事をしている者のみの再集計

おわりに

　お読みいただいていかがだったでしょうか？　少しでもお役に立てれば幸いです。シニアというと、普通の世代から切り離された存在として捉えられがちです。しかし、実は他の世代と密接につながっています。いつかは誰もが間違いなくシニアになるのです。「いつから」ではなく「いつのまにか」にです。人間は年を重ねるとさまざまな知恵も経験も得ますが、加齢によって困難なことも増えてきます。小さな文字が読めない、会話が聞き取りにくくなる、人の名前が出てこない……。

　そんなシニアに何かを伝え、心に響くようなコミュニケーションをしようとすれば、何より「相手の立場での丁寧さ」が求められます。しかし、それはシニアに限ったことではありません。本書はシニアに目を向けながらも、シニアに対する丁寧さが他の世代のコミュニケーションにも役立つということを念頭に書かせていただきました。シニアへの理解と配慮が、他の世代に向けた新しい商品やサービスのマーケットを生み出す可能性もあると信じています。そのためにできるだけわかりやすく、今日から実践できる内容を目指しました。

　最後になりましたが、この本を書くことをすすめてくださった翔泳社編集部のみなさん、とりわけ、誰にでもわかりやすいように、丁寧に編集いただいた大久保遥さんには感謝の気持ちでいっぱいです。

　本書がシニアにとどまらず、多くの世代の心に「届く」「響く」コミュニケーションづくりに役立つことを願っております。

　　　　株式会社日本SPセンター　シニアマーケティング研究室
　　　　　　　　　　　　　　　　　　　　　　　　倉内直也

本書内容に関するお問い合わせについて

このたびは翔泳社の書籍をお買い上げいただき、誠にありがとうございます。弊社では、読者の皆様からのお問い合わせに適切に対応させていただくため、以下のガイドラインへのご協力をお願い致しております。下記項目をお読みいただき、手順に従ってお問い合わせください。

●ご質問される前に

弊社Webサイトの「正誤表」をご参照ください。これまでに判明した正誤や追加情報を掲載しています。

　　　正誤表　https://www.shoeisha.co.jp/book/errata/

●ご質問方法

弊社Webサイトの「刊行物Q&A」をご利用ください。

　　　刊行物Q&A　https://www.shoeisha.co.jp/book/qa/

インターネットをご利用でない場合は、FAXまたは郵便にて、下記"翔泳社 愛読者サービスセンター"までお問い合わせください。
電話でのご質問は、お受けしておりません。

●回答について

回答は、ご質問いただいた手段によってご返事申し上げます。ご質問の内容によっては、回答に数日ないしはそれ以上の期間を要する場合があります。

●ご質問に際してのご注意

本書の対象を越えるもの、記述個所を特定されないもの、また読者固有の環境に起因するご質問等にはお答えできませんので、予めご了承ください。

●郵便物送付先およびFAX番号

　　　送付先住所　　〒160-0006　東京都新宿区舟町5
　　　FAX番号　　　03-5362-3818
　　　宛先　　　　　（株）翔泳社 愛読者サービスセンター

※本書に記載されたURL等は予告なく変更される場合があります。
※本書の出版にあたっては正確な記述につとめましたが、著者や出版社などのいずれも、本書の内容に対してなんらかの保証をするものではなく、内容やサンプルに基づくいかなる運用結果に関してもいっさいの責任を負いません。

※本書に記載されている会社名、製品名はそれぞれ各社の商標および登録商標です。
※本書に記載されている情報は2018年9月執筆時点のものです。

株式会社日本SPセンター
シニアマーケティング研究室

株式会社日本SPセンターは、1967年9月、企業内の宣伝部などで活躍していた4人のメンバーで創設された。設立当初からアメリカの広告に学ぶ姿勢を大切にし、Teach & Sell（商品の選び方や、関連情報などについて十分に伝えたうえで、納得して商品を買ってもらう）をハウスフィロソフィとし、商品の売上につながる広告制作、販促企画を貫いてきた。シニアマーケティング研究室は、高齢化社会の進展を見据えて、2013年に設立された。ハウスフィロソフィに基づいて、シニアに響くコミュニケーション戦略、販促企画の研究・立案を幅広く行っている。

WEBサイト　https://www.nspc.co.jp
シニアマーケティング研究室　https://www.nspc.jp/senior/

中田典男（なかた　のりお）

株式会社日本SPセンター シニアマーケティング研究室 プロデューサー。
1957年、大阪府生まれ。大阪外国語大学（現大阪大学）ロシア語学科卒業。
1979年、株式会社日本SPセンターに入社。ＤＤＢ、オグルビーなどアメリカン・トラディショナルな広告づくりを範とする自社のポリシーにもとづいてイメージに流されない、「読める・わかる・伝わる」クリエイティブを目指す。主にセールスプロモーションの立案・新製品の市場導入、カタログやマニュアルのＳＰツールの企画・制作を担当。2014年以降、シニアマーケティング研究室に参画。シニア市場開発のための戦略ツールの構築、ペルソナの策定、シニア世代向けのクリエイティブ開発等に従事する。

村井直也（むらい　なおや）

株式会社日本SPセンター シニアマーケティング研究室 室長。
1953年、大阪府生まれ。同志社大学文学部文化学科卒業。
1977年、株式会社日本SPセンターに入社。コピーライター、プランナーを経てマーケティングプロデューサーに着任。主に家電製品の市場導入、販促企画、WEBマーケティングに携わる。
2013年、シニアマーケティング研究室立ち上げに参画。データやシニアの特性に基づいた表現戦略、販促企画を研究・立案している。

会員特典データのご案内

会員特典データは、以下のサイトからダウンロードして入手いただけます。

https://www.shoeisha.co.jp/book/present/9784798157542

※会員特典データのダウンロードには、SHOEISHA iD（翔泳社が運営する無料の会員制度）への会員登録が必要です。詳しくは、Webサイトをご覧ください。

※会員特典データに関する権利は著者および株式会社翔泳社が所有しています。許可なく配布したり、Webサイトに転載することはできません。

※会員特典データの提供は予告なく終了することがあります。あらかじめご了承ください。

装丁・本文デザイン	市川さつき（ISSHIKI）
装丁・本文イラスト	大野文彰
DTP	株式会社シンクス

販促コピーとデザイン「売れる」公式50
売上UPの秘訣は「シニア目線」にある！

2018年10月23日　初版第1刷発行

著者	株式会社日本SPセンター　シニアマーケティング研究室
発行人	佐々木 幹夫
発行所	株式会社 翔泳社（https://www.shoeisha.co.jp/）
印刷・製本	株式会社 加藤文明社印刷所

© 2018 Nippon SP Center Inc.

本書は著作権法上の保護を受けています。本書の一部または全部について（ソフトウェアおよびプログラムを含む）、株式会社 翔泳社から文書による許諾を得ずに、いかなる方法においても無断で複写、複製することは禁じられています。
本書へのお問い合わせについては、174ページに記載の内容をお読みください。
落丁・乱丁はお取り替えいたします。03-5362-3705 までご連絡ください。

ISBN 978-4-7981-5754-2　　　　　　　　Printed in Japan